大坂の陣・なるほど人物事典

豊臣VS徳川——主役・脇役たちの意外な素顔

加賀康之

PHP文庫

○本表紙図柄＝ロゼッタ・ストーン（大英博物館蔵）
○本表紙デザイン＋紋章＝上田晃郷

まえがき

私が歴史を好きなのは、過去に実在した人間たちの織りなす物語だからです。大坂の陣に惹《ひ》かれるところもそういう悲喜こもごもの人間模様にあります。

陣に関係する人物には実にさまざまな人たちがいます。戦いで名を残そうとする者、本当は敵側につきたいのだけど仕方なく今の場所に留まる者、面倒だけど命令されたから嫌々参加する者……。

そこで本書では通常の大坂の陣に関する書物とは視点を変えて、有名無名を問わず、人物の紹介に主眼を置いて書き上げました。そのため、陣そのものに関してはあらすじと合戦の簡単な解説、そして年表しか載せておりません。戦国時代に詳しい方なら、知っておられることが多いと思いますので、そこは読み飛ばして、いきなり本編の武将の紹介から読んでいただいても結構です。

また本編も自分の興味がある武将からでもいいですし、知らない武将から先に読んでいただいても結構です。あっ、この「まえがき」も次のページからくだらない私の身の上話になるので、読み飛ばしていただいて結構ですよ。

私がこのような本を出すようになるそもそもの始まりは、平成十一年に大坂の陣に関するサイトを作り始めたことでした。それも前々から陣に関して興味があった訳ではありません。私は長宗我部元親《ちょうそかべもとちか》という武将が好きで、その関係で、息子の盛《もり》親《ちか》のことを調べ始め、そこからたどりついて〝何となく〟作っただけでした。

その頃はまだ書店で簡単に買えるような本だけを参考にして作っていましたが、体調不良のため入院して、暇をもてあましていた平成十三年、入院先近くの図書館で地元史料の本を読んでいた際に矢野正倫《やのまさとも》（米子《よなご》城主・中村家の家臣。本書には未掲載）が載っているものを見つけ、「書店で売っている本では有名な武将以外は詳細が分からないようなことが書いてあるが、調べればいくらでも分かるんだ。じゃあ他のマイナーな武将も調べれば分かるはず」と思い、図書館に通い始めたのが本格的に調べ始めたきっかけでした。

それから、文章だけしか載っていないので面白くないとの批判がありましたので、各地に行って縁《ゆかり》の史跡の写真を撮り、編集された本だけだと資料に行き詰まりを感じたので、原典にあたるために苦手な候文（今も苦手です）の勉強をするなどして、気がつくと膨大な量の資料が集まり、サイトもそれなりのものとなりました。

平成十七年三月、ある方から「これだけのものなら出版社に持ち込んだ方がいい」と言われ、「偉い肩書きもなく、コネもないから無理だろう」と思いながらもPHP研究所様にメールを送ったところ、非常にラッキーなことに編集の方の目に留まり出版という運びになりました。

要約すると、何となく始めて、物事にはまると突っ走る性格なのでこういうことになった、ということです。

そんな私が書いた本なので「人物から大坂の陣の謎を解く」とか「今後の人生の教訓にしてほしい」なんて高尚なことは考えておりません。暇つぶしにでも読んでいただいて、面白かった、と思っていただければそれで十分です。

今回の出版に際して、以下の方に感謝の意を表します。素人の私の無理な申し出を受けてくださり、奔走していただいたPHP研究所文庫出版部の根本騎兄さん、出版のきっかけを作ってくださった伊藤かおりさん、最初に出版の話を持ってきてくださった「善在しるこ」さん、その他サイトを作る段階でご協力くださった皆様、本当にありがとうございました。

平成十八年一月

加賀康之

大坂の陣・なるほど人物事典 ❖ 目次

第一部 合戦

第二部

豊臣軍

第三部 徳川軍

写真提供　花巻市観光課　著者

第二部、第三部見出し部分の「評価」について

本書を書くにあたって、大坂の陣に関係した無数の武将をピックアップするために点数をつけました。戦国武将としての知名度、大坂の陣における重要度、大坂の陣に関する逸話が豊富かどうか、の三つの項目で、各1～3点の評価で9点満点となっています。

ページ数の都合により、豊臣軍は「評価5」まで、徳川軍は「評価6」までの人物を扱っています。同評価内での掲載は順序不同です。

注：武将としての能力などはいっさい関係ありません。便宜上つけただけのものです。

あらすじ

大坂の陣に至るまで

1．豊臣家の転落

「今後、豊臣家をどう扱おうか」。これが一六〇〇年九月十五日に関ヶ原の戦いでかろうじて勝利し、自分の政権樹立の一歩を踏み出した徳川家康《とくがわいえやす》の課題でした。彼はこの戦いで豊臣家を守ろうとする石田三成らを排除し、それに属した諸将の領地を没収します。そして自分に与《くみ》した豊臣系の大名も西国《さいごく》などに移封して要地から追いやるという地盤固めを行ないはしました。

しかし肝心の豊臣秀頼《とよとみひでより》は各地の直轄地を取り上げられ、摂津《せっつ》・河内《かわち》・和泉《いずみ》六五万石の一大名の地位に転落させられたものの、表向きは関ヶ原の戦いに関係ない、という立場であったため、依然として天下人・豊臣秀吉の後継者としての地位にいました。

そこで家康は「このまま徳川家に従えば一大名として残してやってもいいが、いつまでも従わないならその時は武力で滅ぼしてでも排除する」という方針で料理することにしました。

2. 征夷大将軍

一六〇三年二月、家康は征夷大将軍に任命され江戸に幕府を開きます。これで家康は独自の政権を持ったことになりました。ですが、豊臣家との決定的な差がついた訳ではない今の状況で、相手に警戒心を持たせるのは得策ではないと考えた家康は、四月に秀頼を内大臣に推薦し、七月には孫娘・千姫を大坂城に輿《こし》入れさせています。豊臣家の人間も愚《おろ》かではないですから、釈然としないものを心に残したままでしたが「まあ、今回のことは一代限りで秀頼が成人した頃には政権を返してくれるだろう」と思い、表だった抗議はしませんでした。

しかし一六〇五年四月、家康が将軍を辞職して、息子の秀忠に譲り、将軍職は徳川が世襲することを世間に知らしめると話が違ってきます。「家康は政権を返すつもりなどまったくなかったのか」と豊臣家に衝撃が走りました。しかも秀忠の就任祝いに、秀頼に対して上京するように言ってきました。家康も「そろそろ本格的に豊臣家を屈服させてやろう」と考えたのでしょう。しかし豊臣家はそれに応じようとはしませんでした。この頃から家康は「自分が豊臣家を滅ぼすしか方法はないかもしれない」と思ったのではないでしょうか。

3．二条城の会見

一六一一年三月、家康は秀頼に対して二条城での会見を提案します。徳川家と豊臣家の力関係が逆転したことを世に示すためでした。それに対し、秀頼の母・淀殿《よどどの》が反対しますが、豊臣家が拒否すれば、家康が難癖をつけて戦になると見た加藤清正、浅野幸長《ゆきなが》らが仲介し、会見を実現させます。

これでいったんは戦争の危険は回避された……ように見えましたが、家康は立派に成長した秀頼と、老いた自分を比べて、じっくりと料理している時間があまりないことを感じ内心焦《あせ》ったと思います。「秀忠では総大将として頼りなく、諸大名が従うかどうか分からない。自分が生きているうちに何としても決着をつけるしかない。たとえ後世で何を言われようとも……」。家康はこう考えて好機が来れば強引な手段で結論を出すことに決めたのでしょう。そして、それが三年後に実行に移されることになります。

4. そして大坂の陣へ

一六一四年七月、徳川家は豊臣家が再建した方広寺の鐘《かね》の銘文で、『国家安康』『君臣豊楽』の二つに問題があると抗議をします。『国家安康』は家康の名前を分断し呪っており、『君臣豊楽』は豊臣家を君として繁栄を楽しむというものでした。有名な『方広寺鐘銘事件』です。

もちろん、普通はそんな意味には取れません。しかし、豊臣家が多数の寺社仏閣の再建などで財力も衰《おとろ》えた上に、豊臣恩顧《おんこ》の大名たちが亡くなり急速に力を失った今なら屈服させられると見た徳川家が、口実のために考えたものでした。ここから家康は、狸親父《たぬきおやじ》と呼ばれ特に大阪で嫌われることになる道を歩み始めます。しかし、それだけ彼は焦《あせ》っていたのだと思います。

この事態を重く見た豊臣家の家老・片桐且元《かつもと》は、弁明のために家康のいる駿府《すんぷ》へ向かいました。しかし会わせてはもらえず、側近の本多正純《まさずみ》らが出てきて「豊臣家が大坂を去られては」との提案をされます。且元は即答を避けましたが、このままでは戦になると考え、大坂への帰路につきました。

途中、近江《おうみ》で淀殿の使者として駿府に行っていた大蔵卿局《おおくらきょうのつぼね》と会い、家康からの内意と言って自分の考えた策を打ち明けます。その内容とは『秀頼が江戸に参勤する』『淀殿が人質として江戸に行く』『豊臣家が国替えをする』のどれかを実行するというものでした。これを聞いた大蔵卿局は驚きます。というのも彼女が且元と入れ替わりに駿府に行った際は即座に家康が応対してくれ、「秀頼のことは心配ない」と言ってくれたのに、あまりに話が違ったからでした。それは豊臣家を混乱させるための家康の離間《りかん》策でしたが、豊臣家の人間はまんまとそれに乗せられることになります。

これを聞いた大蔵卿局は、急いで大坂城へと戻り豊臣家上層部に報告しました。その後、彼らは且元の報告も受けましたが、ほとんどの者がその言葉を信じず、それどころか彼を亡き者にしようとします。しかし速水守久《はやみもりひさ》らが仲介に入り、且元は摂津茨木に退去ということでおさまりました。ですが、これを聞いた家康は「自分が信頼していた且元を城から追い出すとは言語道断」と怒った振りをして(内心は喜んでいたという話が伝わっています)兵を起こし、いよいよ大坂の陣が始まることになります。

大坂冬の陣

1. 大坂城を包囲

一六一四年秋、徳川家との戦が避けられないと見た豊臣家は、縁の深い大名に味方となるように使者を送ります。だが、傾いて倒れる寸前のかつての主家に味方しようとするものなどいるはずもありません。誰もが豊臣家の味方につこうとせず、それどころかその使者を切り捨てたり捕らえたりして徳川家に忠誠の証《あかし》を見せるものまでいました。

ただし、関ヶ原の戦い以降、大量に出た浪人たちは「この戦いこそまたとない好機」と見て、それらが多数、大坂に入城し豊臣軍には一〇万とも言われる兵が集まります。そして軍議が行なわれ、真田幸村《さなだゆきむら》らが出撃策を唱えますが、それを愚かな豊臣家の人間たちが却下して籠城となった……。というのが通説ですが、関ヶ原の戦いから十四年間も、戦が起きた時のために徳川家が何もせずにいた訳はなく、大坂城の近隣の城は防御を強化され、容易には抜かれないようにしていました。そんなことを豊臣軍が知らないはずはないので、打って出る無謀を避け、全会一致で戦法を籠城としたと考えた方が自然だと思います。

一方、徳川軍も全国の大名に出陣の命令を出し、十一月中旬には二〇万もの大軍で大坂城周辺を完全包囲しました。

2. 冬の陣の戦い

大坂冬の陣が起こると、豊臣軍は大坂城の守りを固めるため、周辺に砦や出丸《でまる》を築きます。冬の陣での大きな戦いのほとんどはそれを巡る攻防戦という形で行なわれています。一六一四年十一月十九日、徳川軍は手始めに大坂城への補給路である木津川口に築いてあった砦を攻撃しました（木津川口の戦い）。同月二十六日には大坂城の北東の守りの強化のために築かれた鴫野《しぎの》と今福の砦も徳川軍に攻撃されます（鴫野の戦い・今福の戦い）。その三つの戦いとも徳川軍の勝利に終わり、豊臣軍は砦を奪われてしまいました。

同月二十八日、今度は野田・福島近くの川で水軍同士の攻防と、二十九日、木津川河口の博労淵《ばくろうぶち》の砦を巡る戦い（博労淵の戦い）もありましたが、これも両方ともに徳川軍の勝利に終わっています。すべての敗因は、豊臣軍が砦の防御のために戦力を分散させてしまい、各個撃破されてしまったからでした。それを悟った豊臣軍は撤退し戦線を完全に大坂城のみとしています。

ここまでは負け続けた豊臣軍でしたが、十二月四日に東南の端にあった出丸を中心に城南を攻めてきた徳川軍を迎え撃ち大勝利を収めました(城南の戦い)。今度は逆に戦力を集中させ、各隊の連携がうまく取れたため、勝利できたのです。

和議成立

1. 両軍の利害が一致

城南の戦い以降、徳川軍は直接大坂城を攻めることは控えたものの、大砲による攻撃は大規模に続けていました。十二月十六日、そのうちの一発が淀殿の居間に命中し、そこにいた侍女八人が死亡します。片桐且元が彼女の居場所を教えたためでした。この事態を受けて下交渉が進んでいた和議の話が豊臣家の会議で正式に話し合われます。

一般にここで浪人たちが和議に反対したと言われていますが、そんなことはなく、譜代《ふだい》・浪人問わずほとんどの者が賛成していました。大名の誰も味方をする気配がなく、食糧・弾薬が不足しつつあった状況で戦闘を継続したところで、じりじりと追いつめられるだけで、そのことを分かっていたからです。しかし秀頼だけは

「城を枕に討死するつもりだ」と頑強に反対していますが、結局は説得され和議に応じています。

敵の徳川軍も苦しい状況で、食糧の不足や寒さに悩まされた上に、大坂城の守りは固く、容易に攻めることもできなかったため、和議を成立させたい状況でした。徳川家上層部には別の思惑もありましたが、それはあとになって発覚します。

十二月十八日に交渉が開始し、翌日十九日には『大坂城は本丸以外を破壊する』『豊臣軍の譜代・浪人問わず処罰しない』などの条件で和議がまとまりました。同月二十二日までに、徳川軍の砲撃の中止、豊臣軍の人質の差し出し、和議の誓書の交換がなされ、和議が成立します。

2. 裸城となる

十二月二十三日、徳川軍は早速、総堀の埋め立てを開始しました。これは条件通りでしたが、二十七日には続いて豊臣軍が自分たちで破壊するという約束だった三の丸の埋め立てまで始めます。これに豊臣家は「約束と違う」と抗議をしましたが、徳川軍はそれをのらりくらりとかわして、結局はすべての堀を埋め立ててしまいました。

これこそが徳川家が今回の和議を結ぶ上でもっとも重要視したことでした。豊臣家に堀を埋め立てることを承諾させ、それを口実に強引にすべての堀を埋めてしまう。そして大坂城を裸にしたあと、豊臣家を好きに料理する。

これにより家康は後世で『豊臣家を騙《だま》し討ちにした卑怯な武将』との評価を受けることになりますが、それを見抜けなかった豊臣家にも問題があったと思います。戦に騙し合いは当然のことですし。

3. 再戦の予感

一六一五年三月、徳川家に『埋め立てた大坂城の堀を掘り返している』『浪人が京都で乱暴狼藉を働いている』『京都を放火する計画を立てているらしい』など豊臣軍の不穏な動きが伝わります。これらの噂が誤解であることを弁明するために、豊臣家は駿府の家康の元へ使者を送りました。

そこで家康は「豊臣家が大坂城を出て大和《やまと》に国替えするのがよい」と提案します。

しかし、豊臣家はこれに応じず、交渉は決裂し再び戦が始まることになりました。

大坂夏の陣

1．両軍、再び激突

四月六日と七日、家康は諸大名に出陣の命令を発します。一方、豊臣軍も軍事行動を起こし、徳川軍の出鼻を挫《くじ》くために各地に出撃しました。裸城《はだかじろ》となってしまった大坂城では戦えないため、今度は不利な野戦を行なうしかなかったのです。同月二十六日、大和郡山《やまとこおりやま》を占領し（大和郡山の戦い）、二十九日には紀伊方面に出撃し浅野長晟《ながあきら》軍と戦いました（樫井《かしい》の戦い）。しかしどちらも浪人が主となっていた豊臣軍はまとまりがなく、大した戦果もないままに撤退しています。

五月に入ると、いよいよお互いの主力が動き出しました。徳川軍は軍を二つに分け、本隊は河内路へ、別働隊は大和路を経由して大坂城の南で落ち合うようにします。そこで豊臣軍も敵に合わせて兵力を二分し、迎え撃つという作戦を考えました。同月六日、大和口の河内道明寺で両軍が激突しますが豊臣軍は多数の指揮官クラスを失うという大敗北を喫し（道明寺の戦い）、河内の若江・八尾で行なわれた戦いでも撤退を余儀なくされています（若江の戦い・八尾の戦い）。この六日でも豊臣軍は浪人たちが各々の戦いをしたため、連携がうまく取れず、敗北の原因の一つとなりました。

2. 大坂落城

七日、大坂城南に集まった徳川軍に対して、残った豊臣軍はこれが最後と必死の突撃を試みます。そのため、天王寺口の家康、岡山口の秀忠ともに大将自身が危険な目にあうほどの苦戦を強いられましたが、数に勝る徳川軍はこれを撃退し、そのまま大坂城に殺到しました（天王寺・岡山の決戦）。

翌日、秀頼一行は城の一角に籠って徳川家に助命を嘆願しますが、戦が始まる前ならともかく終わったあとにそんなことが許されるはずもありません。それを知った一行は自害して果て、大坂城も焼け落ち、大坂夏の陣は終わります。これにより、豊臣家は滅亡して、長かった戦国の時代も終わり、徳川家による安定した時代が始まるのです。

第一部 合戦

大坂冬の陣配置図

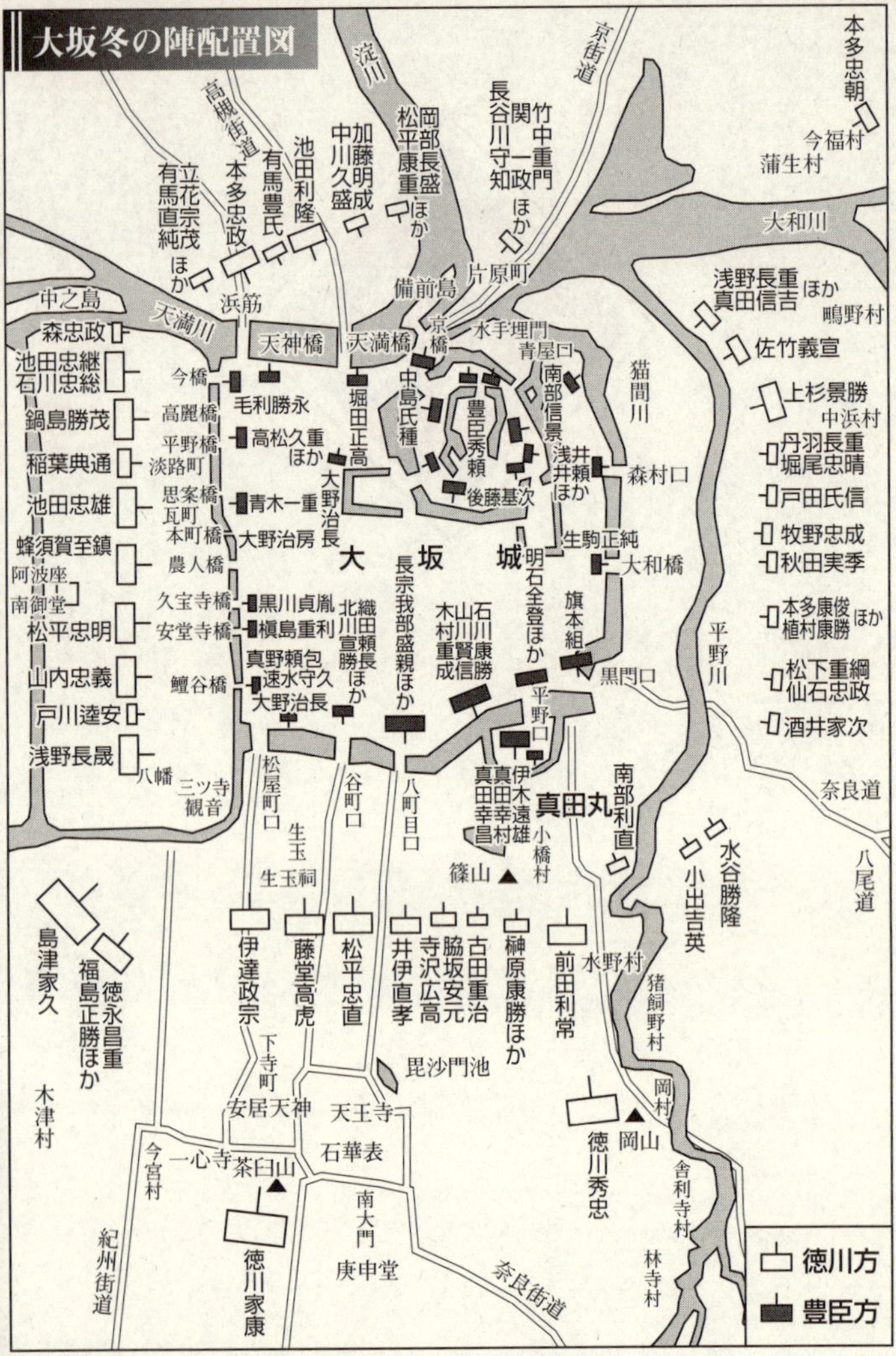

淀川
京街道
高槻街道
本多忠朝
今福村
蒲生村
竹中重門
関一政
長谷川守知
ほか
岡部長盛
松平康重
ほか
加藤明成
中川久盛
池田利隆
有馬豊氏
本多忠政
立花宗茂
有馬直純
ほか
大和川
片原町
備前島
浅野長重
真田信吉
ほか
鴫野村
中之島
天満川
浜筋
京橋
水手埋門
佐竹義宣
森忠政
天神橋
天満橋
青屋口
池田忠継
石川忠総
今橋
中島氏種
南部信景
猫間川
上杉景勝
中浜村
毛利勝永
堀田正高
豊臣秀頼
鍋島勝茂
高麗橋
平野橋
高松久重
ほか
丹羽長重
堀尾忠晴
浅井頼ほか
稲葉典通
淡路町
森村口
大野治長
後藤基次
戸田氏信
思案橋
瓦町
青木一重
池田忠雄
本町橋
大野治房
生駒正純
牧野忠成
蜂須賀至鎮
大
坂
城
大和橋
秋田実季
農人橋
阿波座
南御堂
明石全登ほか
長宗我部盛親ほか
織田頼長
北川宣勝
ほか
石川康勝
山川賢信
木村重成
旗本組
久宝寺橋
黒川貞胤
本多康俊
植村康勝
ほか
松平忠明
安堂寺橋
槇島重利
真野頼包
速水守久
山内忠義
鰻谷橋
黒門口
松下重綱
仙石忠政
大野治長
平野口
戸川逵安
酒井家次
浅野長晟
八幡
三ッ寺
観音
松屋町口
谷町口
八町目口
伊木遠雄
真田幸村
真田幸昌
真田丸
南部利直
奈良道
生玉
生玉祠
小橋村
篠山
水谷勝隆
小出吉英
八尾道
島津家久
徳永昌重
福島正勝
ほか
伊達政宗
藤堂高虎
松平忠直
井伊直孝
寺沢広高
脇坂安元
古田重治
榊原康勝ほか
前田利常
水野村
平野川
猪飼野村
毘沙門池
下寺町
木津村
安居天神
天王寺
岡村
岡山
石華表
一心寺
茶臼山
今宮村
徳川秀忠
舎利寺村
南大門
庚申堂
紀州街道
徳川家康
奈良街道
林寺村
徳川方
豊臣方

1 木津川口の戦い(きづかわぐちのたたかい)

年月日／一六一四年十一月十九日
陣営／徳川軍：蜂須賀至鎮（三〇〇〇）vs 豊臣軍：明石全登（八〇〇）

大坂冬の陣直前に豊臣軍は大坂城周辺に砦を築き備えた。大坂城南西・木津村の木津川口の砦はそのうちの一つだ。一六一四年十一月十八日、徳川軍の蜂須賀至鎮《はちすかよししげ》はその砦を偵察し、兵力が少ないのを知ると、徳川家康にそれを報告する。すると家康は「浅野長晟軍に搦手《からめて》を、池田忠雄軍が遊撃を、蜂須賀軍が追手として敵を攻めるように」と命じた。

しかし至鎮は長晟と協力したくなかったので、本多正信《ほんだまさのぶ》にそのことを話す。すると正信は「責任は自分が取るので、好きにしていい」と許可を出した。そこで蜂須賀軍は翌日の午前六時と決まっていたところを、三時に出発して抜け駆けをして兵三〇〇〇を二つに分けて水陸から砦を攻撃する。水軍は途中で五艘の豊臣水軍に攻撃されたがこれを破って捕縛した。

一方、陸路の方は砦の背後に回り、民家に火を放ったあと、水軍と協力して挟み撃ちにする。豊臣軍の明石全登《あかしたけのり》隊八〇〇は蜂須賀軍の挟撃と放たれた火で戦意を失い、大した抵抗もできないまま博労淵に撤退した。

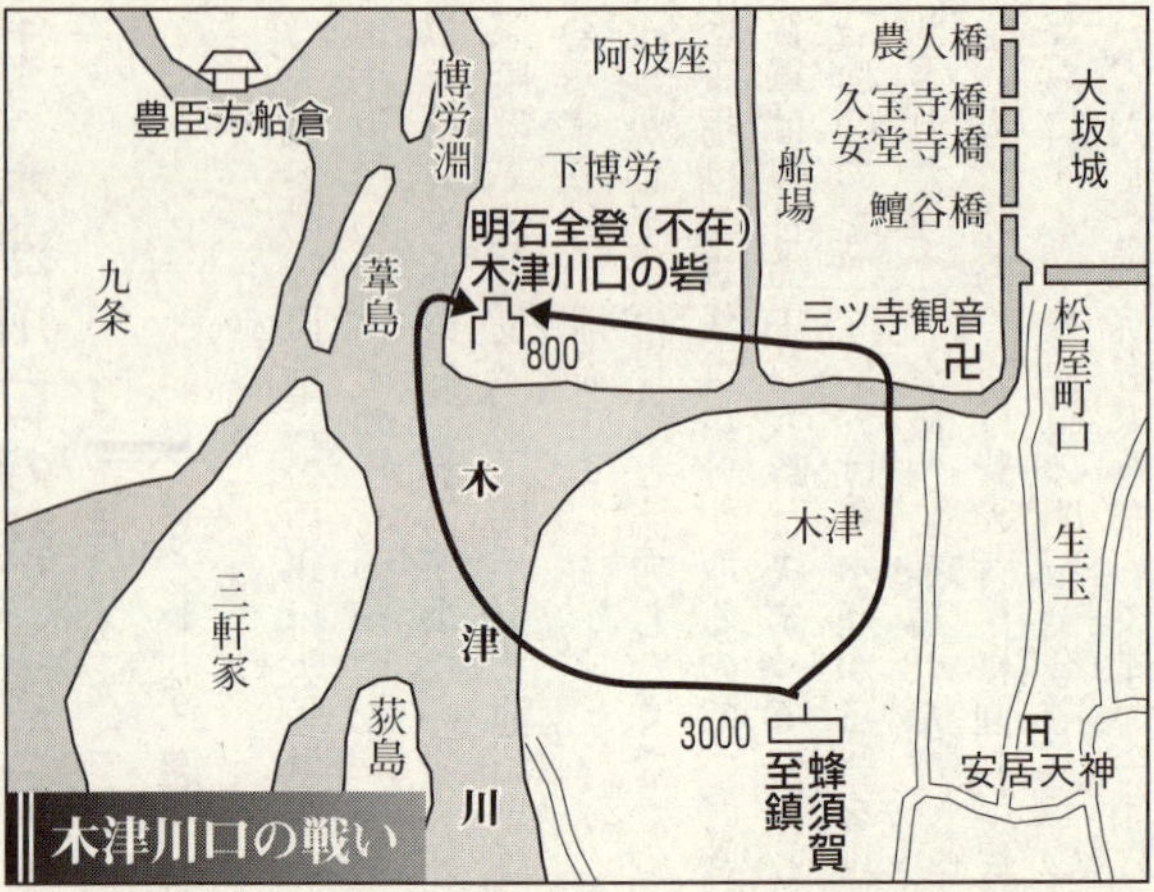

木津川口の戦い

現在の木津川

2 鴫野の戦い（しぎののたたかい）

年月日／一六一四年十一月二十六日
陣営／徳川軍：上杉景勝（五〇〇〇）vs 豊臣軍：守備隊（二〇〇〇）＋大野治長・渡辺糺など（？）

鴫野は大坂城の東にある水田地帯で、堤以外は人馬が行動しづらい地形だった。豊臣軍は東からの攻撃に備えて、この堤に三重の柵を設け、守備隊二〇〇〇を置いた。

この鴫野方面に向かったのが、上杉景勝《かげかつ》軍五〇〇〇である。一六一四年十一月二十五日、上杉軍は鴫野口に布陣し、その南を堀尾忠晴軍八〇〇と丹羽《にわ》長重《ながしげ》軍二〇〇が陣取った。そこに徳川家康から「明朝に今福方面に向かう佐竹義宣《よしのぶ》と同時に攻撃を開始し、豊臣軍を撃退せよ」という命令が下る。そこで景勝は二十六日未明に攻撃を開始し、豊臣軍を撃退して鴫野堤を占拠した。

上杉軍は余勢を駆って、今福の戦いで佐竹義宣を攻めていた木村重成《しげなり》を対岸から射撃していたが、後藤基次《もとつぐ》が木村隊の兵を励まし反撃してきたため浮き足だつ。そこに大坂城から大野治長《はるなが》・渡辺糺《ただす》らが鴫野方面に駆け付け、上杉軍に猛攻撃をしかけたため撤退させられた。

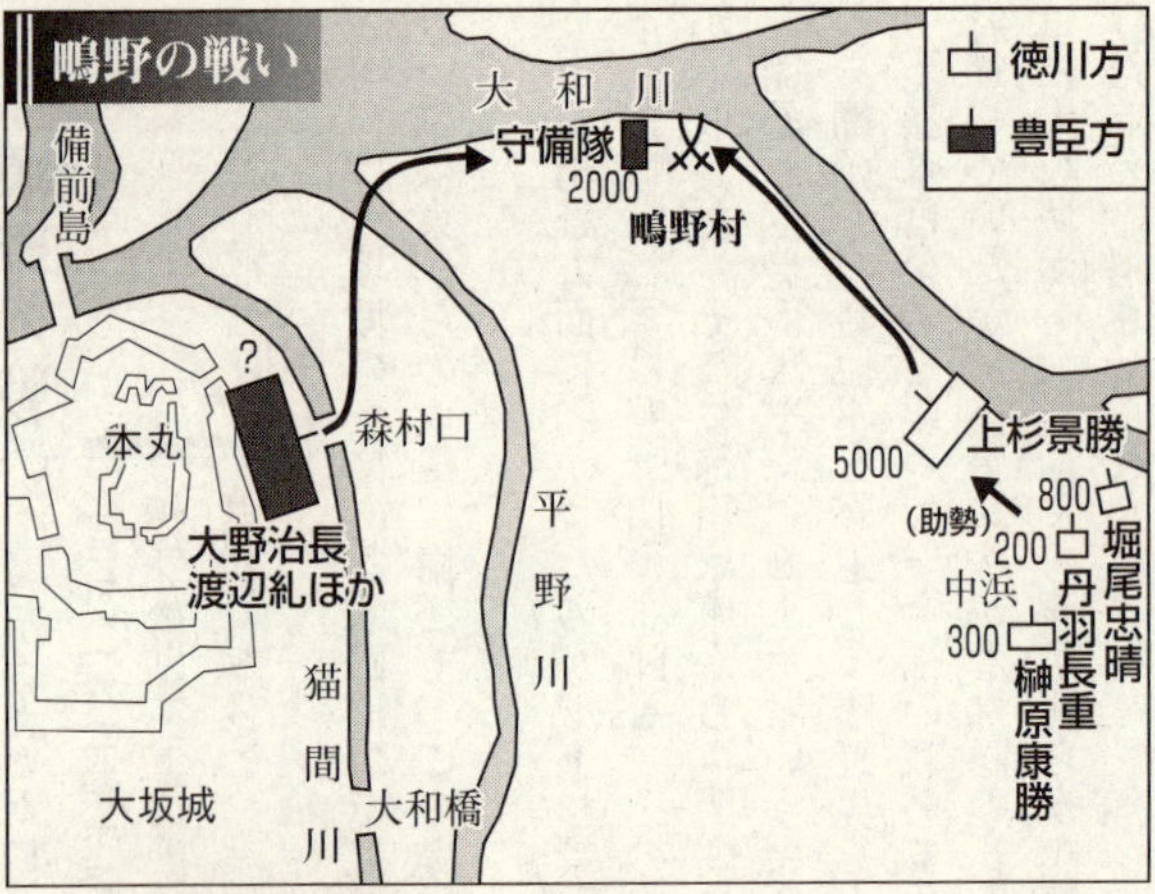

大阪市の城東小学校にある
鴫野の戦いの碑

その上、豊臣軍が勢いに乗って追撃してきたので、上杉軍は多数の死者を出し追い込まれる。しかし上杉軍が至近距離から五〇〇挺の鉄砲で一斉射撃すると、豊臣軍は勢いを削がれ敗退し始めた。上杉軍はこの機を逃さず追撃し、数百人を討ち取り豊臣軍を大坂城まで追い返している。

3　今福の戦い（いまふくのたたかい）

年月日／一六一四年十一月二十六日
陣営／徳川軍：佐竹義宣軍（一五〇〇）＋上杉景勝・堀尾忠晴・丹羽長重・榊原康勝軍（六三〇〇）　VS　豊臣軍：後藤基次・木村重成など（三六〇〇）

今福は大坂城の北東にある水田地帯で、堤以外は人馬が行動しづらい地形だった。豊臣軍は東からの攻撃に備えて、この堤に四重の柵を設け、守備隊六〇〇を置いた。一六一四年十一月二十五日、京橋口に布陣していた佐竹義宣軍一五〇〇に対して、徳川家康から「明朝に鴫野方面に向かう上杉景勝と同時に攻撃を開始し、豊臣軍を撃退せよ」という命令が下る。

十一月二十六日早朝、佐竹軍は堤を進み、柵に向かって激しく鉄砲を撃ちかけた。そしてそこを破った佐竹軍はそのまま片原町まで進み大坂城付近にまで迫る。この様子を知った木村重成と後藤基次は大坂城を出撃し、佐竹軍を押し返した。前線が崩れた佐竹軍はそのまま押され逆に追いつめられる。

そこで義宣は上杉軍へ助けを求めた。鴫野の戦いで豊臣軍を撃退させていた景勝は堀尾忠晴らと共に救援に駆け付け、側面からの攻撃を開始する。そのため、豊臣軍は支えきれないと判断し撤退を決め、大坂城へと戻った。

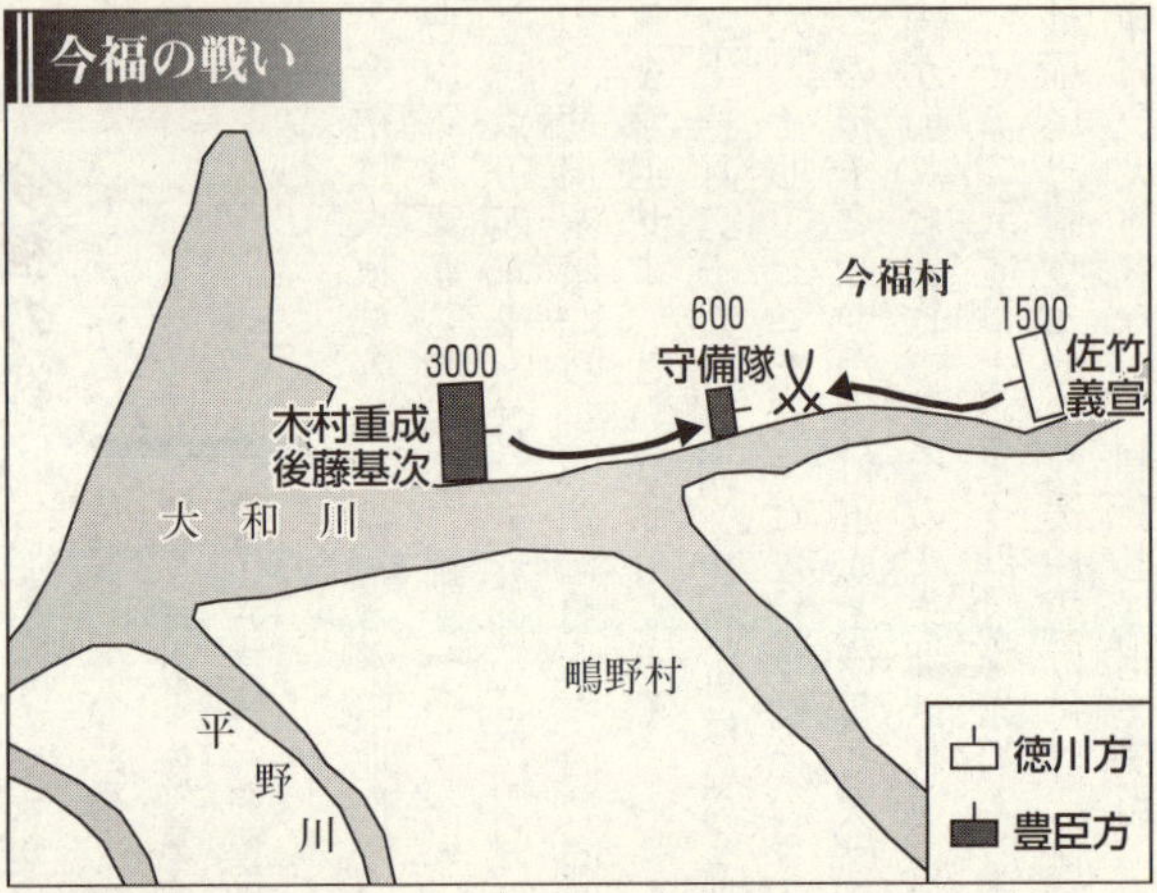

今福の戦いで佐竹義宣が陣をしいた若宮八幡大神宮

4　博労淵の戦い（ばくろうぶちのたたかい）

年月日／一六一四年十一月二十九日
陣営／徳川軍：蜂須賀至鎮・石川忠総（五三〇〇）vs 豊臣軍：薄田兼相（七〇〇）

大坂城の西南、木津川の中州にできた島に博労淵と呼ばれる場所があった。豊臣軍はここに砦を築いて、薄田兼相《すすきだかねすけ》ら七〇〇人の兵を置いた。

大坂冬の陣が始まった時に、逃げ遅れた商人が阿波座《あわ》に取り残されていたが、先の木津川口の戦いで木津川口の砦が落ちた時にそこを逃げ出して、蜂須賀至鎮軍に博労淵の砦の守備が大したことはないことを話す。そこで至鎮は博労淵の攻略を徳川家康に願い出た。しかし最終的には石川忠総《ただふさ》に攻略を命じ、浅野長晟が後援につくことになる。

十一月二十九日、石川軍二三〇〇は船で博労淵に上陸し、功を失うことを恐れた蜂須賀軍三〇〇〇も船で近づいた。この時、博労淵の砦の大将・薄田兼相は前夜から神崎の遊女の家に泊まり込んでいて留守にしており、兵の士気がまったく上がらず、不意の攻撃もあって大混乱となる。そのため兵は砦を捨てて敗走し、あっさりと攻略されてしまった。その後、豊臣軍はすべての砦を放棄し、守りを大坂城一つに絞った。

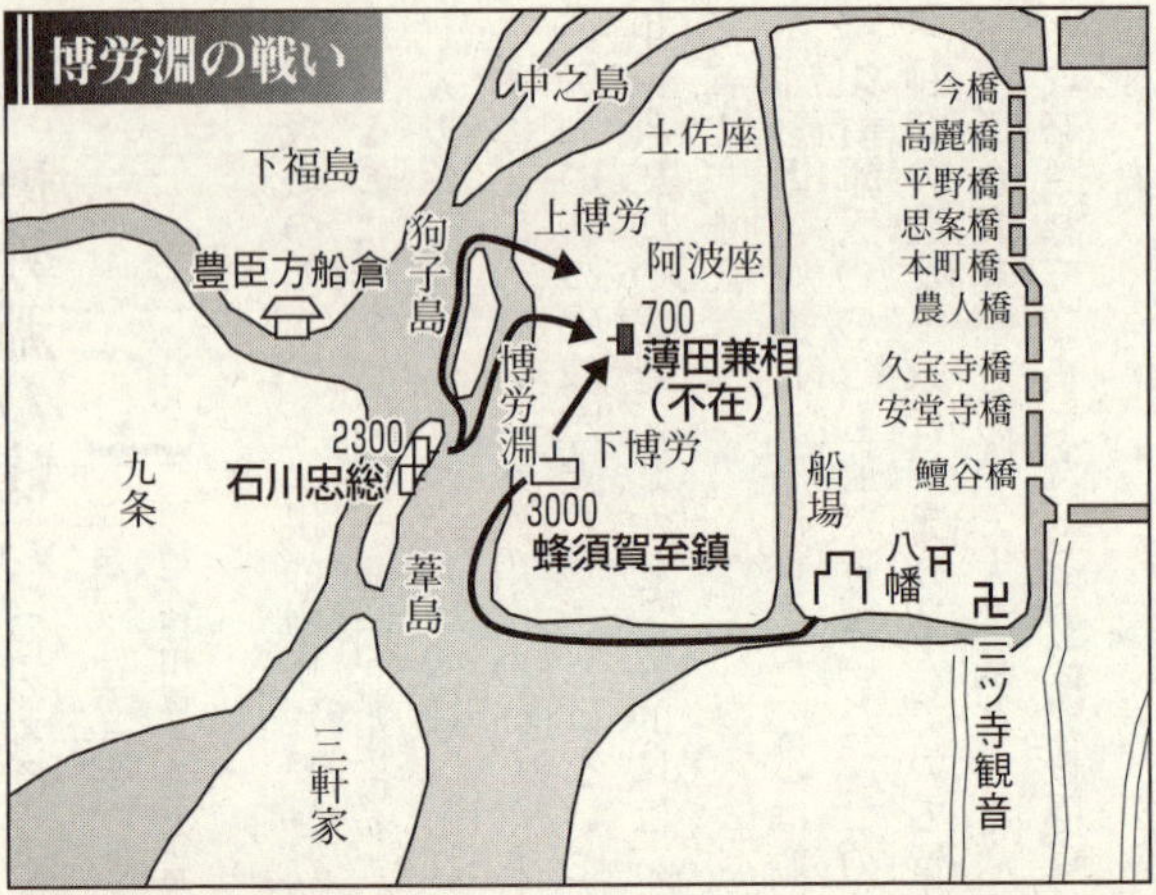

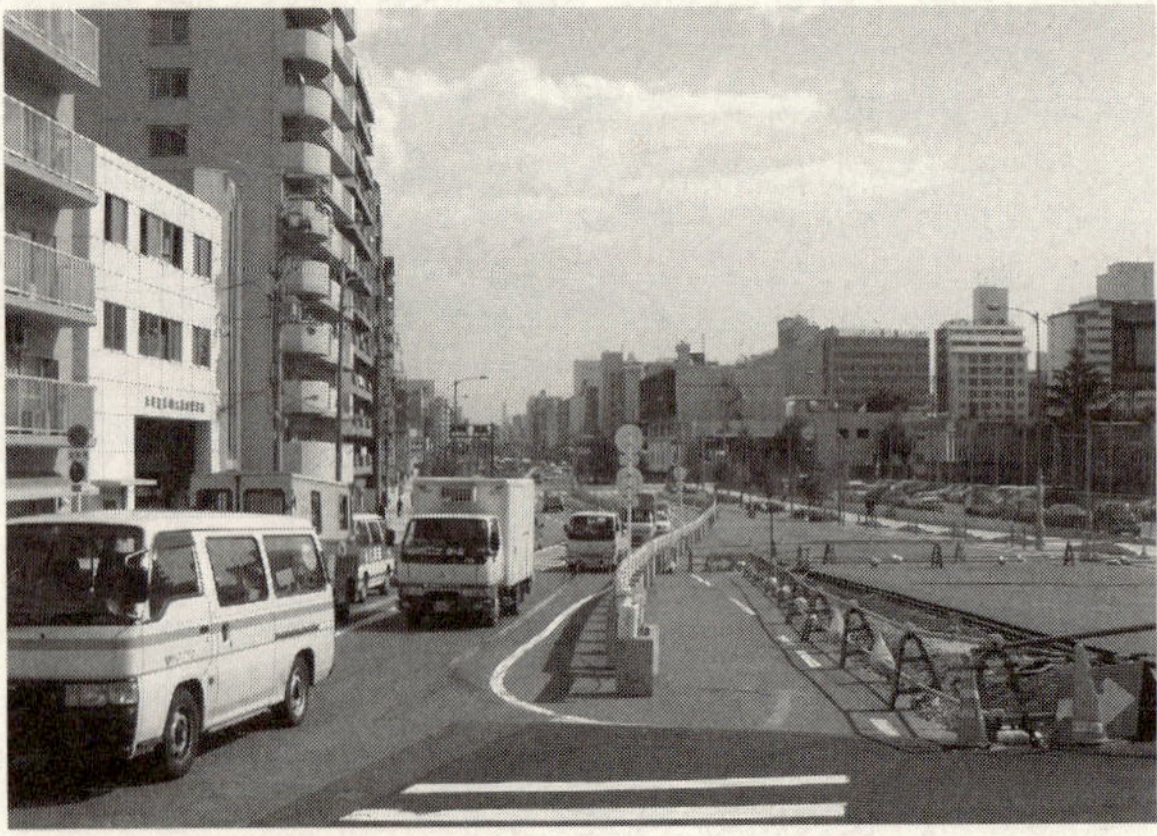

現在の博労淵周辺(大阪市西区新町)

5　城南の戦い（じょうなんのたたかい）

年月日／一六一四年十二月四日
陣営／豊臣軍：真田幸村・長宗我部盛親・木村重成など（二万五六〇〇）vs 徳川軍：前田利常・松平忠直・井伊直孝・藤堂高虎など（三万三〇〇〇）

大坂城は西に木津川と海、北には天満川と大和川、東には平野川があり、地形的な防御力にも恵まれていたが、南側だけは陸地が広がっており、そこが唯一の弱点であった。そこで真田幸村は防御力強化のため、惣構南東の端に出丸を築く。いわゆる真田丸である。その南に小橋《おばせ》の篠山という丘があり、幸村はそこにも兵を出して守備した。

一六一四年十二月三日、徳川秀忠《ひでただ》は本陣をさらに大坂城に近づけるため、前田利《とし》常《つね》に篠山の奪取を命じる。四日未明、前田軍の一隊が篠山に着くが、それは幸村の隊に事前に察知されておりもぬけの殻だった。そこでそのまま真田丸に向かい、挑発されて攻撃を開始する。しかし激しい銃撃のために先に進めず、そこに釘付けとなった。

これを見た井伊直孝《なおたか》と松平忠直《ただなお》は「我々も！」と思い軍を進め、城壁の外柵を破り空堀に身を潜める。そこで豊臣軍に思わぬ事故が起きた。石川康勝の兵が火薬箱

現在の小橋村（大阪市天王寺区小橋町）

を落としてしまい、それが爆発したのである。徳川軍はこれを城内にいる南条元忠《もとただ》の裏切りの合図と勘違いし、藤堂高虎《たかとら》らも攻撃を開始。城南には徳川軍が殺到し総攻撃を開始した。しかし事前に後藤基次が徳川軍の動きを観察して、近いうちに総攻撃があると判断し兵を移動していたので南側の守りは完璧だった。

徳川軍は木村重成・長宗我部《ちょうそかべ》盛親《もりちか》ら豊臣軍に狙い撃ちされ、次々と死傷者を出す。この戦いは正午まで続くが、家康の使者が撤退を命じたため、徳川軍は兵を引き、戦闘は終了した。

この戦闘での徳川軍の被害は甚大なもので、死傷者は数千人にものぼっている。一方の豊臣軍は一人の死者も出していない。一方的な大勝利だった。

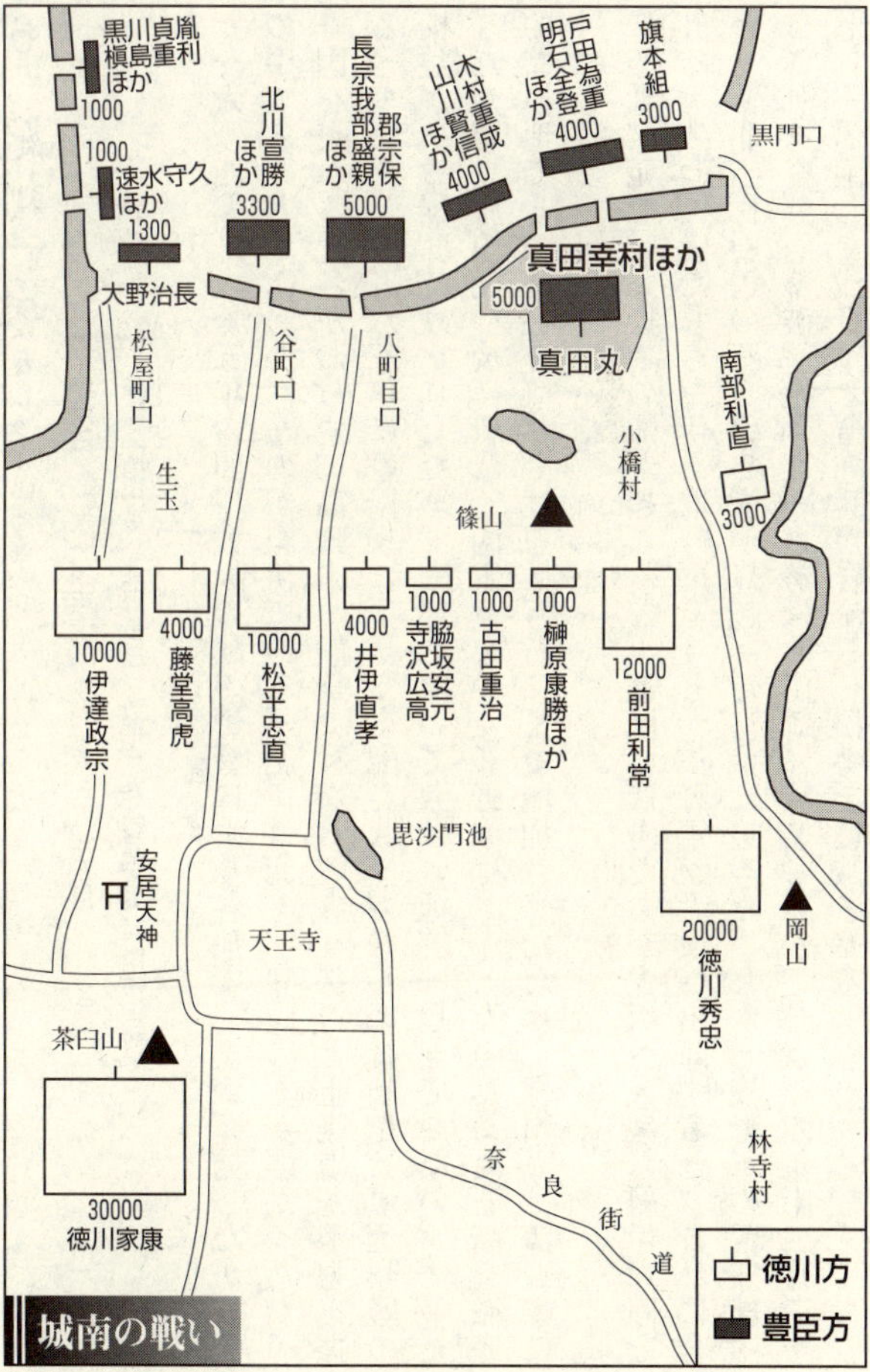
黒川貞胤
槇島重利
ほか
1000
1000
速水守久
ほか
1300
大野治長
北川宣勝
ほか
3300
郡宗保
長宗我部盛親
ほか
5000
木村重成
山川賢信
ほか
4000
戸田為重
明石全登
ほか
4000
旗本組
3000
黒門口
真田幸村ほか
5000
真田丸
松屋町口
谷町口
八町目口
生玉
篠山
小橋村
南部利直
3000
10000
伊達政宗
4000
藤堂高虎
10000
松平忠直
4000
井伊直孝
1000
脇坂安元
寺沢広高
1000
古田重治
1000
榊原康勝ほか
12000
前田利常
毘沙門池
安居天神
天王寺
20000
徳川秀忠
岡山
茶臼山
30000
徳川家康
奈良街道
林寺村
徳川方
豊臣方
城南の戦い

6 紀州一揆（きしゅういっき）

年月日／一六一四年十二月～一六一五年五月
陣営／徳川軍：浅野長晟（数千）VS 豊臣軍：一揆勢（数千）

一六一四～一六一五年の間に大坂の陣の影響により各地で一揆が頻発したが、その中でももっとも激しかったのが紀伊である。紀伊は元々、守護の力が弱かったため一国を束ねる大名がおらず、高野山・熊野大社などの寺社勢力と土豪層が勢力を振るっていた。一五八五年に豊臣家によって支配されても厳しい統制をせず土豪層の権益がある程度認められたため、一部を除いて激しい抵抗は起きていない。

だが関ヶ原の戦い後に新しく国主となった浅野家は、二七万石だった石高を徹底的な検地でその権益を取り上げ三七万石にまで増加させたため、紀州人は浅野家に対する激しい恨みを抱いた。

それが元で、大坂冬の陣が起こると土豪層の武士たちが大坂へ入城し紀伊奪回を計る。残った者たちも紀伊を取り戻そうと、浅野軍が大坂へ出陣すると、これに合わせて北山村周辺の三〇〇〇人が蜂起し新宮城に迫った。しかし浅野軍の留守部隊はこれを奇襲し撃破。残った一揆勢は北山郷に集結したが、一六一四年十二月二十七日、帰国した浅野軍と留守兵が合流し一揆勢を壊滅させる。

熊野街道
一揆発生地域
摂津
大坂城
伊賀
河内
名草郡・那賀郡
7カ村
泉佐野
和泉
根来寺
伊都郡1カ村
粉河寺
紀ノ川
和歌山城
九度山
伊勢
名草郡
那賀郡
高野山
北山川
大和
4カ村
有田郡
1カ村
日高郡
北山郷
5カ村
熊野本宮大社
32カ村
熊野速玉大社
紀伊
牟婁郡
熊野川
新宮城
熊野那智大社
紀州一揆

三重県熊野市の田平子峠にある一揆殉難者供養之塔

だがそれで反抗の芽が摘まれた訳ではなかった。一六一五年四月、大野治長は部下を紀伊に向かわせ、一揆勢と連絡を取り、大坂から南下する豊臣軍とで浅野軍を挟撃しようとする。しかしこれは浅野軍に知られてしまった上、豊臣軍は樫井の戦いで敗れてしまい計画は完全に破綻する。

それでも一揆勢は日高・名草郡などで再び蜂起するが、和泉から引き返してきた浅野軍に各個撃破されすぐに鎮圧された。首謀者で生き残ったものは探し出されて次々と処刑され、最終的には八〇六人が処分される。

7　大和郡山の戦い（やまとこおりやまのたたかい）

年月日／一六一五年四月二十六日
陣営／豊臣軍：大野治房（二〇〇〇）VS 徳川軍：筒井定慶（一〇〇〇）

大坂夏の陣直前、豊臣家は大和郡山が伊勢・奈良方面から来る徳川軍の進撃路にあたり手に入れば戦略的価値があると考えた。そこで一六一五年四月、大野治房《はるふさ》の使者が郡山城を訪れ城代《じょうだい》の筒井定慶《じょうけい》を誘ったが、彼は徳川家に恩があるとしてこれを拒否する。

そのことで豊臣軍が来襲するのは確実と考えた定慶は同月十六日に浪人・野武士などをかき集めてどうにか一〇〇〇の人数を揃えて郡山城で待ち構えた。同月二十六日、予想通り豊臣軍は大野治房を大将に二〇〇〇の兵で生駒《いこま》山の暗峠《くらがりとうげ》を越えて大和に進入してくる。

これを見た筒井軍は、暗闇の中ということもあって数万もの大軍と勘違いし、定慶は「領地の福住に一旦撤退し他の大和の大名たちの援軍を待って戦おう」と考えて落ちのびた。そのため、非戦闘員の多い筒井軍は次々と城を逃げ出している。二十七日の朝、撤退したことを知らない豊臣軍は猛攻撃をかけ城を落とし、逃げ遅れた農民たち三〇人を討ち取り、郡山市街に火を放った。

大和郡山の戦いで中心となった大和郡山城

余勢を駆って豊臣軍は奈良に向かって進撃する。これを知った奈良の惣年寄六人は町を焼かれてはいけないと、貢物を進呈して穏便にことを進めてくれるように頼んだが、豊臣軍はこれを無視してそのまま奈良を目指した。

そのため奈良の町人たちは春日山《かすが》に避難したが、徳川の大軍が来るという情報が入ったため豊臣軍が撤退し難を逃れる。撤退した豊臣軍は南に転じて奈良と郡山の次に栄えていた今井を攻めたが、地元の者が鉄砲で応戦してきたため撃退され大坂城へ引き上げた。

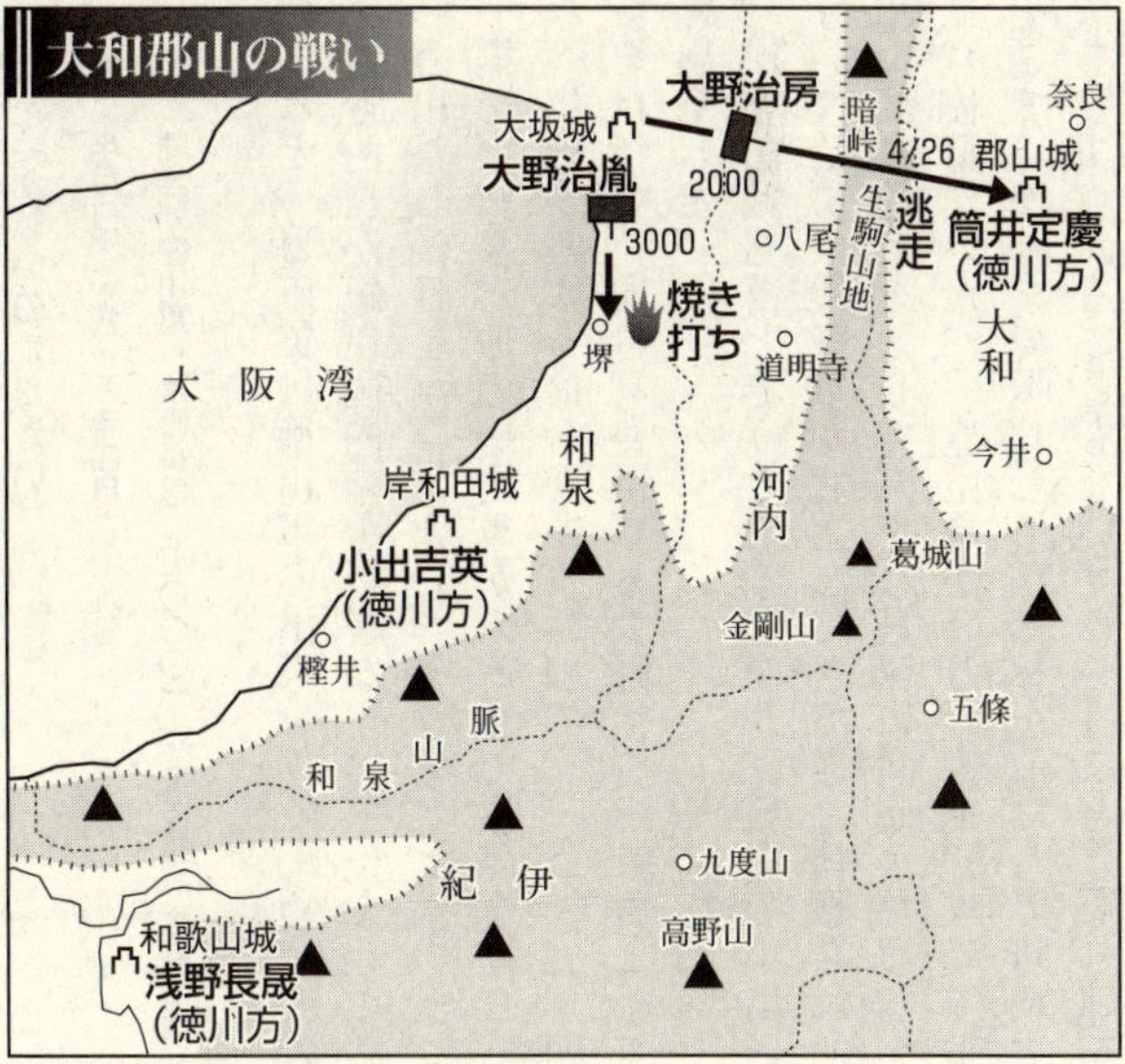
大和郡山の戦い
大野治房
大坂城
大野治胤
2000
3000
暗峠
4/26
郡山城
奈良
逃走
筒井定慶
（徳川方）
八尾
生駒山地
焼き打ち
堺
道明寺
大和
大阪湾
今井
和泉
河内
岸和田城
小出吉英
（徳川方）
葛城山
金剛山
樫井
五條
脈
山
和泉
紀伊
九度山
和歌山城
浅野長晟
（徳川方）
高野山

8 樫井の戦い（かしいのたたかい）

年月日／一六一五年四月二十九日
陣営／徳川軍：浅野長晟（五〇〇〇）vs 豊臣軍：大野治房（三〇〇〇）

大坂夏の陣が始まると、豊臣軍は徳川軍の出鼻を挫《くじ》くため、浅野家に対する攻撃を計画する。まず大野治長が紀伊国内の土豪層などに一揆を起こさせ（紀州一揆）、そして大坂城からも出撃し浅野長晟《ながあきら》軍を挟撃しようとした。

浅野軍はこの一揆を察知し、他の徳川軍が来るまで出陣を遅らせていたが、板倉勝重《かつしげ》より急ぎ大坂へ出陣するよう命令があったので、一六一五年四月二十八日、五〇〇〇の兵で大坂を目指す。同日、豊臣軍も大野治房《はるふさ》を大将として三〇〇〇の兵で和歌山を目指して出撃した。

豊臣軍は途中、岸和田城を落とそうと攻撃したが、城主の小出吉英らの守りが固く敵を近寄らせない。治房は浅野軍が北上してきて逆に挟撃されてしまってはいけないと考え、岸和田城に備えを残して南下し貝塚に向かった。

一方の浅野軍は、佐野にいたが、豊臣軍が二万の大軍で攻めて来るという報告を聞き動揺する。そこで「樫井まで退却して、松林を前にして防戦すれば敵に人数も知られずかつ大軍を展開されることもない」ということになり陣を後退させた。

樫井の戦いの碑

二十九日の朝、豊臣軍の先鋒は貝塚を出発したが、塙直之《ばんなおゆき》と岡部則綱《のりつな》が「自分が先鋒だ」と争い始め、暴走して進んだため、少数のまま浅野軍に突撃してしまい、塙直之らは討ち取られてしまう。

勝利した浅野軍は、このまま大坂へ向かおうという意見もあったが、最終的に一揆への対策のために紀伊へ撤退していった。その頃、豊臣軍の本隊は貝塚にいたが、敗残兵が戻ってきて、先鋒の敗北を伝えたため、急いで樫井へと向かう。しかしすでに戦いは終わっており、浅野軍は退却したあとだったので、仕方なく大坂へ引き返した。

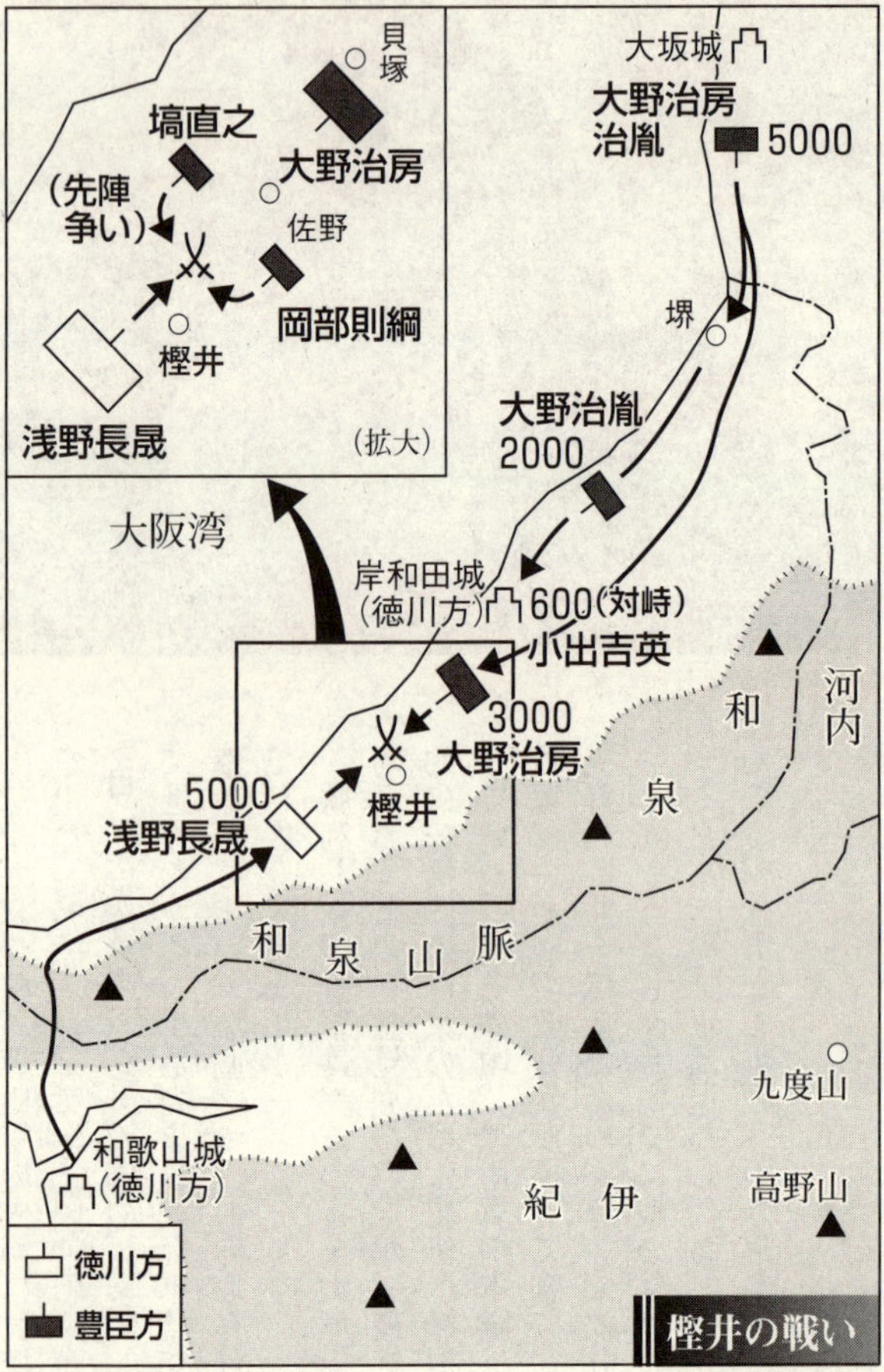
貝塚
塙直之
大野治房
(先陣争い)
佐野
岡部則綱
樫井
浅野長晟
(拡大)
大坂城
大野治房
治胤
5000
堺
大野治胤
2000
大阪湾
岸和田城
(徳川方)
600(対峙)
小出吉英
3000
大野治房
5000
浅野長晟
樫井
和
泉
河
内
和泉山脈
九度山
和歌山城
(徳川方)
紀伊
高野山
徳川方
豊臣方
樫井の戦い

9 道明寺の戦い（どうみょうじのたたかい）

年月日／一六一五年五月六日
陣営／徳川軍：水野勝成・伊達政宗・松平忠明など（三万四〇〇〇）vs 豊臣軍：後藤基次・薄田兼相・真田幸村など（一万八七〇〇）

一六一五年五月初旬、豊臣軍は大和路から大坂城南を目指す徳川軍を迎撃するため、国分方面に出撃した。この辺りは道が狭く大軍が展開しにくかったため、敵を迎え撃つには格好の場所であったからである。一方、徳川軍の大和口方面軍二万三〇〇〇も大坂城を目指して大和路を進撃し、五月五日の夕方から夜にかけて国分に着いて宿営した。

五月六日午前二時頃、豊臣軍の一陣である後藤基次隊二八〇〇が藤井寺に到着する。そこで、真田幸村ら後発隊と合流するつもりだったが、来る気配がない。実は真田隊らは濃霧のために時刻を誤り、大幅に到着が遅れていたのだ。戦機を逸すると感じた基次は待つのを止めて出発し道明寺に出る。

基次はそこで初めて、すでに徳川軍が国分まで進出していることに気づいた。そこで後藤隊は石川を渡ると、小松山を占領し攻撃を開始する。当初は有利な戦いを展開していた後藤隊だったが、兵力差により、次第に追いつめられていった。やが

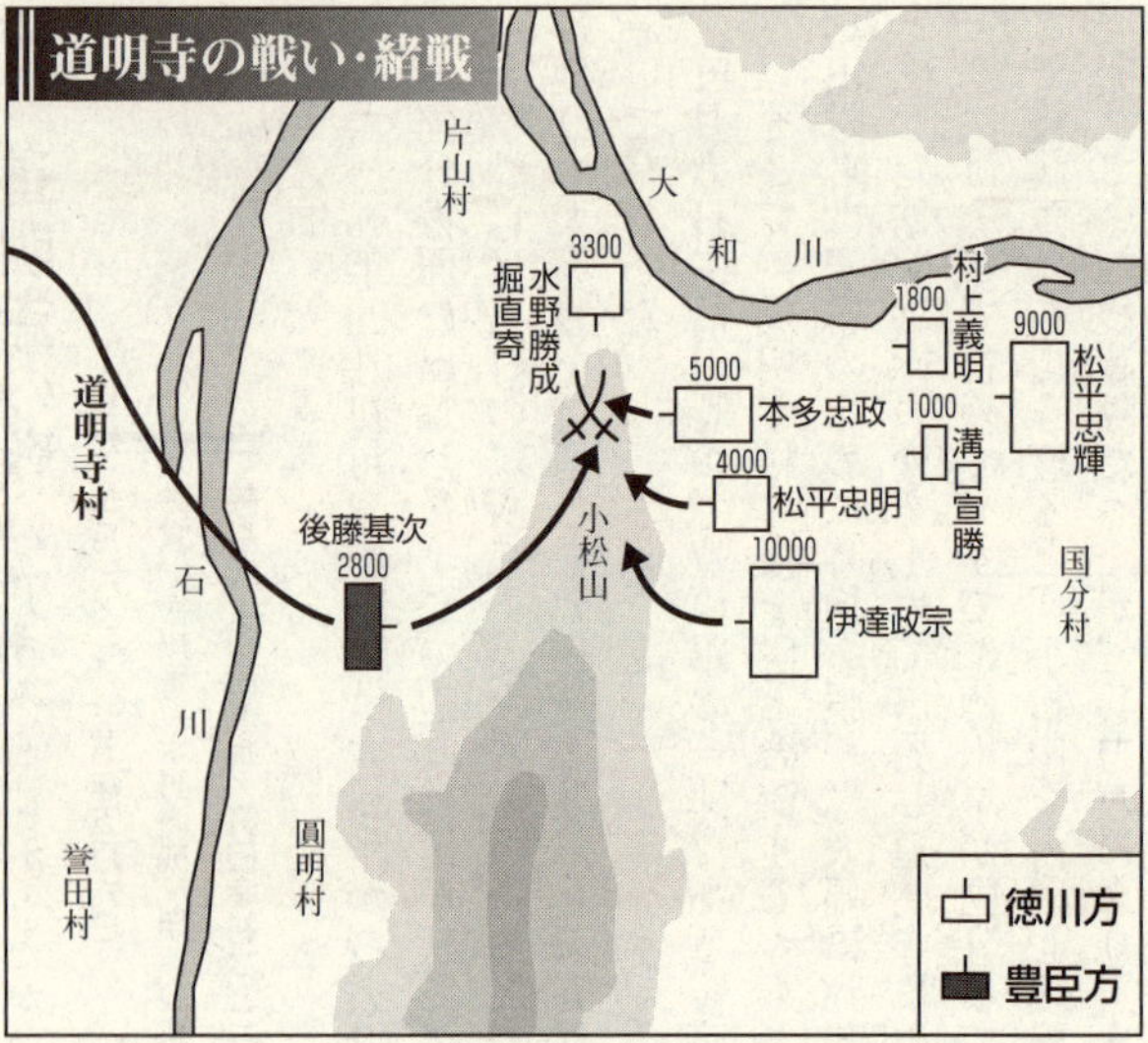

て後藤隊は壊滅し大将の基次も戦死してしまう。

その頃、薄田兼相ら豊臣軍第二陣三九〇〇が道明寺に到着し後藤隊の敗残兵を収容した。それと同時に追撃してきた徳川軍と激突する。その戦闘で薄田兼相は討死し、豊臣軍全体も押されていった。そのため道明寺から誉田の森まで撤退する。午前十時頃、やっと豊臣軍の第三陣一万二〇〇〇が到着。第三陣は苦戦している第二陣の救出に成功すると徳川軍の追撃に備える。

これを見た伊達《だて》政宗《まさむね》は家臣の片倉重長《しげなが》に豊臣軍第三陣の真田

小松山古戦場跡の碑

幸村隊を攻撃させ、激戦となったが、結局、重長が兵を退いた。それを見た真田隊は追撃をかけたが伊達軍の本隊が援護に来たため、真田隊も兵を退いている。

ここで豊臣軍に若江・八尾の戦いで味方が敗北したので、急ぎ城へ戻るようにという伝令が来た。そこで豊臣軍は撤退を決め、午後四時頃に大坂城へ退却する。これを見た徳川軍は追撃するかどうかを話し合ったが、結局は中止となった。

10 若江の戦い（わかえのたたかい）

年月日／一六一五年五月六日
陣営／徳川軍：井伊直孝（三二〇〇）＋榊原康勝・丹羽長重など（六三〇〇）vs 豊臣軍：木村重成（六〇〇〇）

一六一五年五月二日、木村重成隊は京街道を守備していたが、徳川軍の河内口方面軍が星田を経由して道明寺に出て大坂城南へ来る、という情報を得て城へ戻る。そこで重成は道明寺方面に出撃しようとしたが、そこにはすでに後藤基次隊らが向かっていた。そのため「人の後を行くより、別の場所で戦おう」と思い、敵の出撃が予想されない若江・八尾方面に出て家康本隊を側面から奇襲する計画を立てる。

五月六日午前二時、重成や長宗我部盛親隊など一万一三〇〇は大坂城を出撃した。午前五時、若江に着いた木村隊六〇〇〇は敵の存在を察知し布陣して敵に備える。一方、その方面にいた徳川軍の藤堂高虎軍五〇〇〇も豊臣軍に気づき、主力を長宗我部隊へ、右翼を木村隊へ向かわせた。藤堂軍右翼は木村隊と激しい戦闘を繰り広げるが、やがて壊滅する。

その頃、藤堂軍と共に河内口方面軍の先鋒を任されていた井伊直孝軍三二〇〇も敵の存在を知ると、若江方面に転進した。重成はその井伊軍に備えるため、玉串川の西堤上に銃兵三六〇人を配置し敵の襲来を待つ。

五月六日午前七時、井伊軍は玉串川の左岸に登ると、木村隊を銃撃し戦闘が開始された。当初は互角であったが、疲労の極みにあった木村隊は徐々に押され敗走して重成も討ち取られてしまう。やがて徳川軍の榊原康勝《さかきばらやすかつ》・丹羽長重軍も攻撃を開始したため、木村隊は壊滅し、残った兵は大坂城へと退却した。

若江の戦いで戦死した木村重成の墓

11 八尾の戦い（やおのたたかい）

年月日／一六一五年五月六日
陣営／豊臣軍：長宗我部盛親ら（五三〇〇）vs 徳川軍：藤堂高虎（五〇〇〇）

一六一五年五月六日午前二時、長宗我部盛親・木村重成を中心とする一万一三〇〇は道明寺を経由して大坂城へと向かう徳川家康・秀忠の本隊を奇襲するために八尾・若江方面に向かう。ここは複数の川に挟まれた湿地帯で大軍の進撃が難しく、ここを豊臣軍が進撃してくることはないだろうと考えている徳川軍の裏をかいた作戦だった。

同日朝に長宗我部盛親隊は八尾に到着する。その頃、徳川軍の河内口方面軍の先鋒・藤堂高虎は道明寺へ向かうために進撃し千塚にいた。しかし長宗我部隊が近くにいるのを知り、徳川軍の本隊が攻撃されるのを防ぐために、そちらに攻撃を仕掛けることにする。

長宗我部隊の先鋒を破った藤堂軍は、長瀬川に陣を構える長宗我部の本隊に向かって進んだ。一方、盛親は藤堂軍を迎え撃つため、長瀬川の堤防に兵を折り敷かせて待ち伏せる。そして藤堂軍を引きつけると一斉に攻撃を開始した。この攻撃でたちまち敵の先鋒を破った長宗我部隊は、勢いに乗って藤堂軍の隊を次から次へと破

八尾の戦いで激戦地となった八尾市常光寺

り、高虎本人をも討ち取られそうになるほどの状況にまで追いつめる。

しかし木村重成が井伊直孝によって破れたことを知ると、孤立するのを恐れて撤退した。藤堂軍はその際の追撃戦で長宗我部兵を多数討ち取ったものの、隊長六人を含む三〇〇人の戦死者を出している。

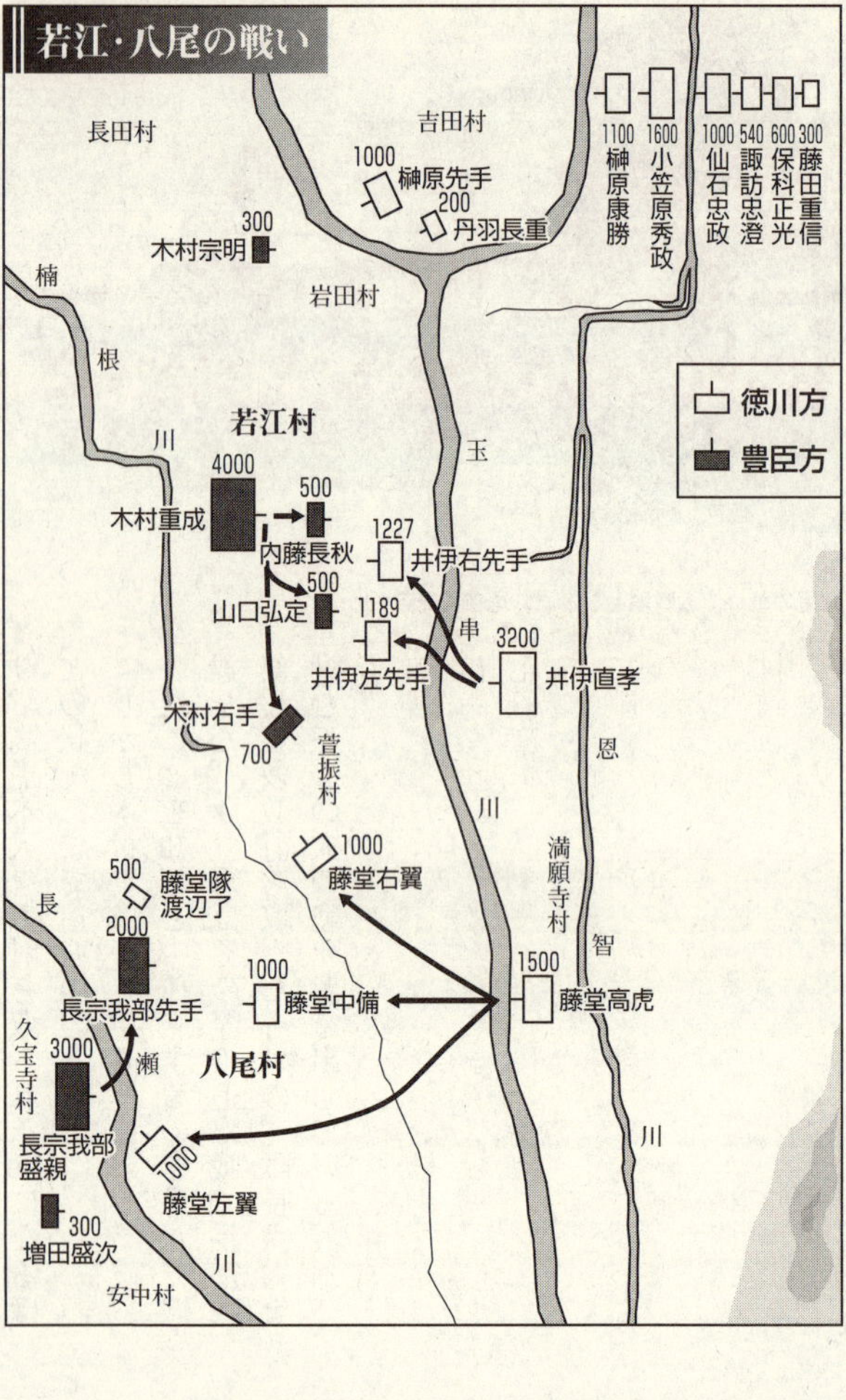
若江・八尾の戦い
長田村
吉田村
1000 榊原先手
200 丹羽長重
300 木村宗明
岩田村
1100 榊原康勝
1600 小笠原秀政
1000 仙石忠政
540 諏訪忠澄
600 保科正光
300 藤田重信
楠根川
若江村
玉串川
徳川方
豊臣方
4000 木村重成
500 内藤長秋
1227 井伊右先手
500 山口弘定
1189 井伊左先手
3200 井伊直孝
木村右手 700
萱振村
恩智川
1000 藤堂右翼
満願寺村
500 藤堂隊 渡辺了
2000 長宗我部先手
1000 藤堂中備
1500 藤堂高虎
長瀬川
久宝寺村
3000 長宗我部盛親
八尾村
1000 藤堂左翼
300 増田盛次
安中村

12 天王寺・岡山の決戦(てんのうじ・おかやまのけっせん)

年月日／一六一五年五月七日
陣営／徳川軍：徳川軍主力(一五万) vs 豊臣軍：豊臣軍主力(五万)

一六一五年五月六日の夜、豊臣軍は当日までの戦闘ですべて敗北し、大坂城の南にまで追いつめられた。五月七日早朝、真田幸村・大野治長・毛利勝永《もうりかつなが》の三人は茶《ちゃ》臼《うす》山で作戦を話し合い、『全軍を茶臼山から岡山口に並べて敵を引きつけ、先鋒を撃破する。それと同時に別働隊が迂回して家康の背後に回り込み、とどめを刺す』という作戦を立てる。その決定を全軍に知らせ陣容を整え徳川軍を待ち構えた。

徳川軍も五月六日の戦いで一部損害を出したが、大半は無傷のまま大坂城に向かって進撃する。全軍が大坂城を目指し、七日午前には大坂城南に陣を構えた。

正午、毛利勝永隊四〇〇〇の前線が引きつける前に射撃を始めたため、天王寺口で戦闘が始まってしまい、豊臣軍の作戦に齟齬《そご》をきたす。だが勝永は見事な指揮で徳川軍の本多忠朝《ほんだただとも》・小笠原秀政《おがさわらひでまさ》ら約二万の敵を各個撃破し、徳川家康の本陣に突入した。

その徳川軍が敗走する様を見た真田幸村隊五五〇〇も、目の前にいた松平忠直軍一万三四〇〇に攻撃を開始する。そしてその陣を突破すると家康本陣に突撃した。

真田幸村が本陣を置いた茶臼山

この勝永と幸村の攻撃に合わせ「浅野長晟が裏切った」というデマが流れたせいで家康本陣は後方からも崩れ始め大混乱となり、家康自身も逃走するという状況となる。しかしやがて徳川軍は体勢を立て直すと、豊臣軍を撃退した。

一方の岡山口だが、天王寺口で戦闘が始まったのを見て、大野治房隊四六〇〇と前田利常軍一万五〇〇〇が戦闘を開始。大混戦となるが、次第に豊臣軍が徳川軍を押し始める。徳川秀忠も自ら槍をとって戦おうとするほどに苦戦したが、こちらもやがて徳川軍が体勢を立て直し、豊臣軍を撃退した。

五月七日午後四時、天王寺と岡山の両方で豊臣軍が敗北したため、徳川軍

天王寺・岡山の決戦後、徳川軍が勝利を祝った御勝山(大阪市生野区勝山北)

はついに城内に乱入。大坂城の北に陣を敷いていた徳川軍も進撃を開始した。その後、裏切り者が城内の台所に火をつけ燃え上がったため、これを見た徳川軍は城内に殺到。豊臣軍の兵たちは次々と逃げ出し大坂城は徳川軍の手に落ちる。翌日、豊臣秀頼一行も自害し大坂の陣は終わった。

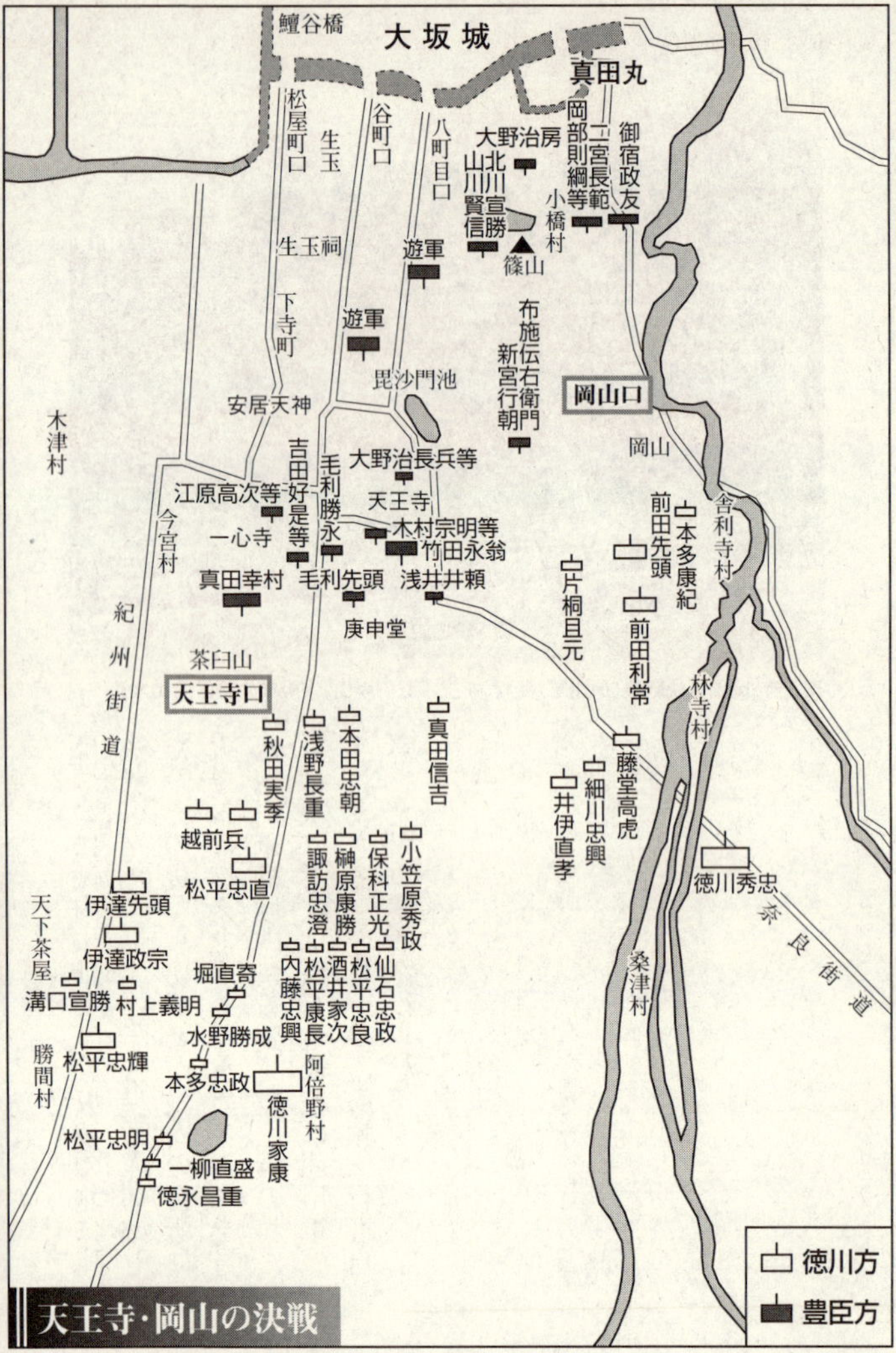
鱣谷橋
大坂城
真田丸
松屋町口
生玉
谷町口
八町目口
大野治房
北川宣勝
山川賢信
岡部則綱等
二宮長範
御宿政友
小橋村
篠山
生玉祠
遊軍
下寺町
遊軍
布施伝右衛門
新宮行朝
毘沙門池
岡山口
安居天神
岡山
木津村
吉田好是等
毛利勝永
大野治長兵等
天王寺
江原高次等
木村宗明等
竹田永翁
一心寺
今宮村
真田幸村
毛利先頭
浅井井頼
庚申堂
舎利寺村
前田先頭
本多康紀
片桐且元
前田利常
紀州街道
茶臼山
天王寺口
林寺村
秋田実季
浅野長重
本田忠朝
真田信吉
藤堂高虎
細川忠興
井伊直孝
越前兵
松平忠直
諏訪忠澄
榊原康勝
保科正光
小笠原秀政
徳川秀忠
奈良街道
天下茶屋
伊達先頭
伊達政宗
内藤忠興
松平康長
酒井家次
松平忠良
仙石忠政
堀直寄
溝口宣勝
村上義明
水野勝成
桑津村
松平忠輝
勝間村
本多忠政
阿倍野村
徳川家康
松平忠明
一柳直盛
徳永昌重
徳川方
豊臣方
天王寺・岡山の決戦

第二部
豊臣軍

小松山に散った名将

後藤基次（ごとうもとつぐ）

評価：9

●生没年：一五六〇〜一六一五年
●身分：大坂城五人衆
●官位（通称、号）：又兵衛

後藤基国の息子。又兵衛の通称で知られる。基国は播磨《はりま》三木城主・別所長治の家臣で別所家滅亡後は黒田孝高《よしたか》に仕えたという人物。基次も孝高に仕え、朝鮮出兵、関ヶ原の戦いで功があり、黒田家が領した筑前《ちくぜん》福岡五二万石のうち、小隈一万六〇〇〇石を与えられた。

しかし新しい主君・黒田長政と上手くいかず一六〇六年に出奔《しゅっぽん》してしまう。とはいえ剛勇で知られた基次だったので、すぐに他家から声がかかった。まずは細川忠興《ただおき》から声がかかるが長政の横槍で立ち消えとなる。その後、福島正則《まさのり》・前田利長・結城秀康《ゆうきひでやす》などからも誘いがあるが、すべて長政のために駄目になった。流れ流れて最終的に京にたどり着いた基次は、軍学教授などで糧《かて》を得ている。

大坂の陣が起こると大坂に入城。大坂城内では、経験と名声から浪人衆の人望を集め、豊臣家の人々からも信頼を得る。一六一四年十一月二十六日、大坂城の北東で起きた今福の戦いでは木村重成と組んで、上杉景勝・佐竹義宣の両軍と激戦を繰り広げた。十二月四日に起きた城南の戦いの前に徳川軍の動きを見て近いうちに総攻撃があると判断し、大坂城南に兵を集結させる。そのため、攻めてきた徳川軍に大損害を出させた。

翌年の五月、夏の陣が起こると基次は大和口から進撃してくる徳川軍を迎え撃つため河内国分を目指す。五月五日に真田幸村・毛利勝永と決別の盃《さかずき》を酌《く》み交わし、六日未明に出撃した。しかし道明寺で幸村たちが来る前に徳川軍の水野勝成《かつなり》・伊達政宗らと遭遇してしまい、基次が布陣した小松山を舞台に戦闘が開始される（道明寺の戦い）。数に勝る徳川軍に次第に押されていく自分の隊を見て、基次は兵を奮起させるために敵陣への突撃を敢行した。その最中に銃弾が胸に当たり動けなくなって家臣に介錯

鳥取市の景福寺にある後藤基次の墓

される。その死を知った基次の兵は、あとを追うようにして次々と敵陣に突撃したという。

【コメント】

基次といえば、大坂の陣直前には落ちぶれて物乞いをしながら、粗末な小屋で暮らしていたというイメージが一般にはあります。しかし一六一三年頃まで複数の大名家を渡り歩いており、京都に着いてからは豊臣家から援助を受けていた可能性もあるので、そういったことはまずなかったでしょう。

大坂の陣での名将ぶりはよく知られており、冬の陣では敵の動きをことごとく読んで先手を打ち、徳川軍を苦しめています。以上、『漢《おとこ》』という言葉がぴったりくる後藤基次さんでした。

反徳川の象徴

真田幸村（さなだゆきむら）

評価：9

- 生没年：一五六七〜一六一五年
- 身分：大坂城五人衆
- 官位（通称、号）：左衛門佐

信濃《しなの》上田城主・真田昌幸《まさゆき》の次男。本当の名前は信繁《のぶしげ》といわれている。父の昌幸は、豊臣秀吉に『表裏比興《ひきょう》の者』と評された人物で、自分の才覚だけを頼りに小大名ながら、戦国時代を生き抜いてきた人物。幸村は真田家のために上杉・豊臣家に人質として出されている。関ヶ原の戦いでは、幸村は昌幸と共に石田三成についた。一六〇〇年九月、真田親子は中山道《なかせんどう》を通り関ヶ原へと向かっていた徳川秀忠軍三万八〇〇〇を釘付けにし、ついには主戦場への到着を遅れさせるという大戦果を上げる。しかし主戦場の関ヶ原で三成が敗北したため、親子は紀伊九度山《くどやま》に流された。

一六一四年十月、九度山を脱出して大坂城に入る。そこで幸村は豊臣軍の戦法が籠城となったので、防御の弱い大坂城の三の丸南に出城（通称『真田丸』）を構築した。一六一四年十二月四日、幸村は徳川軍を挑発し真田丸へ誘いこみ、前田利常・

大阪市天王寺区の三光神社にある真田幸村像

井伊直孝《なおたか》・藤堂高虎らを徹底的に叩く（城南の戦い）。

翌年の五月、夏の陣では幸村は毛利勝永・後藤基次らと共に徳川軍を迎え撃つため河内国分に出撃する。だが、ここで霧のために幸村と勝永の到着が遅れてしまい、先行していた後藤軍が敗北してしまう。そのため幸村は追撃してきた伊達政宗を迎え撃つことになったが、見事な指揮で撃退に成功した（道明寺の戦い）。このあと撤退する豊臣軍を徳川軍が誰一人追って来ず、それを見た幸村が「徳川軍には男が一人もいないのか」と言ったのはあまりにも有名である。

大坂城南に徳川軍が集結した五月七日、天王寺・岡山の決戦で家康の首を取る計画を立案するが、齟齬《そご》をきたし乱戦となってしまう。それでも幸村は最後まで希望を捨てず、徳川軍本陣に向かって真っ直ぐに突撃を敢行する。この時の幸村の活躍は、最後の意地を見せた豊臣軍の中でも一番目立っており、徳川家康を三里も敗走させ、一時は切腹を覚悟させたほどであった。しかし結局は後詰《ごづ》めのない豊臣軍は疲れのため敗北し、幸村自身も疲労のために安居神社で休んでいるところを西尾宗《むね》次《つぐ》に討たれ生涯を閉じる。

【コメント】

幸村って本当に人気ありますよね。大坂の陣での西軍の主役は誰かと言われたら、大抵の方がこの人を思い浮かべるでしょう。戦国時代全般でもベスト5に入るくらいの人気ですし、映画やドラマで何度も取り上げられています。そのドラマなどですと、かっこいい俳優さんが演じておられますが、実際の幸村は歯の抜けた初老の男だったそうです。でも、やはりファンの方はかっこいい俳優さんに演じてもらいたいですよね。以上、誰もが知っている人気者、真田幸村さんでした。

評価が低い忠義者

大野治長（おおのはるなが）

評価：9

●生没年：？〜一六一五年
●身分：豊臣家家臣（一万五〇〇〇石の領主）
●官位（通称、号）：修理亮

大野佐渡守の息子。母は淀殿の乳母《めのと》・大蔵卿局。淀殿が豊臣秀吉の側室になると一緒に家臣となった。一五九一年に東海地方での遊猟《ゆうりょう》に同行、一五九四年には伏見城の仕事の一部を担当している。一五九九年に徳川家康暗殺の疑惑をかけられ浅野長政らと共に失脚し下野《しもつけ》結城《ゆうき》に流されるが、関ヶ原の戦いの前に許され上杉攻めに従軍した。

一六〇〇年の関ヶ原の戦い後、豊臣家の重臣たちが一斉にいなくなると大坂城内で発言力を持つようになる。大坂城内の主戦派の筆頭で、一六一四年九月に片桐且元に徳川家との内通が噂されると彼を討ち果たそうとした。結局、それは叶わず大坂城から追い出すだけになってしまったが、且元がいなくなり、ますます発言力が強まった治長は浪人たちを集め徳川軍を迎え撃つ準備をする。

大坂冬の陣が始まると豊臣家の最高幹部の一人として軍を指揮する。しかし大名の誰も味方につかず、戦況も膠着《こうちゃく》状態となったため、和議の成立に動き、秀頼を説得した。和議の際には息子を人質に出している。一六一五年一月、徳川家の違約ですべての堀が埋められ、大坂城は完全に裸城となってしまう。そこに家康が無理難題を突きつけ再戦のムードが漂い始めたため、治長の対応に非難の声が集まった。

大阪城内にある大野治長自刃の地、山里曲輪跡の碑

そんな最中の四月九日、治長は桜門の近くで刺客に襲われけがを負う。襲わせたのは冬の陣を通して治長と仲の悪くなった弟の治房だと言われている。それからは弟の治房や木村重成、浪人衆に主導権が移り、夏の陣が始まることとなった。

一六一五年五月七日、豊臣軍が大坂城南で起きた天王寺・岡山の決戦に敗れ大坂城内に徳川軍が殺到すると、秀頼一行と共に山里曲輪《やまざとぐるわ》に逃げ込んだ。そこで千姫を使者として秀頼・淀殿親子の助命を願うが、徳川家はそれを許さず、結局は親子と共に自害して果てる。享年は四十五歳くらいだと思われる。

【コメント】

とにかく評判の悪い人です。豊臣家を滅ぼしたのは治長と淀殿という意見がよく聞かれます。でも彼は彼なりに一生懸命豊臣家のために尽くしたのです。そこを少しは分かってあげましょう。和議も仕方がなかったと思いますが、堀の埋め立ての条件に関しては詰めが甘かったかもしれませんね。以上、豊臣軍を仕切った大野治長さんでした。

しかし、彼がいなかったら豊臣軍は本当にいい方向に進んだのでしょうか……？　私にははなはだ疑問ですが。

土佐再興に後半生をかける

長宗我部盛親（ちょうそかべもりちか）

評価：9

●生没年：一五七五～一六一五年
●身分：大坂城五人衆
●官位（通称、号）：宮内少輔

四国の覇者・長宗我部元親の四男。一五八六年に長兄の信親が戸次川《へつぎがわ》の戦いで戦死すると長宗我部家の後継者となる。信親が戦死した時点で元親には三人の息子がいたが、父の偏愛のため兄二人を差し置いて指名されたのだ。正式な後継者となった盛親は父と共に小田原攻め・朝鮮出兵に従軍する。

一五九九年、元親が伏見で亡くなると土佐二二万石を継いだ。翌年、関ヶ原の戦いが起こると西軍につくが、敗北したため領土を没収される。その後、盛親は京都へ送られ謹慎生活に入り、そこで『大岩祐夢』と号して寺子屋の師匠となった。

一六一四年に大坂冬の陣が起こり、豊臣家からの招きがあると旧臣を率いて大坂に入城する。城南の戦いで活躍した。一六一五年五月六日の八尾の戦いでは、藤堂軍を壊滅寸前にまで追い込むが、敵に援軍が駆け付けたために撤退を余儀なくされる。

勝利を諦めた盛親は翌日の大坂城南で起きた天王寺・岡山の決戦には参加せず、大坂城の守りについていたが、敗北が決定的になると再起を図って逃亡した。だが五月十一日、京都八幡近くの葭原《あしはら》に潜《ひそ》んでいるところを、蜂須賀家の家臣に見つかり捕らえられる。その後、盛親は見せしめのために二条城門外の柵に縛りつけられ、同月十五日、六条河原で斬首された。

【コメント】

盛親の御家再興にかける意気込みはすばらしいです。皆が華々しい死を選んでいく中、何としてでも生き延びて土佐を取り戻そうとした不屈の闘志には感動させられます。

盛親がどれだけの覚悟だったかが分かる

京都市蓮光寺にある長宗我部盛親の墓

話があります。京都の八幡で捕まった盛親は生け捕られて伏見に連れて来られました。そこで盛親は「両将軍（前代と現在の将軍である家康と秀忠）に、私の命を助けて出家させてくれるように頼んでくれないか」と、膝をかがめ人々にへつらい涙を流して哀願しました。世間の人は「長宗我部は臆病者だ」と笑ったが、両将軍はその真意を察して、処刑を予定通り実行しようとします。覚悟を決めた盛親は「本国に帰って旗を揚げ、恥を雪《すす》ごうと思ったが悟られてしまった」と言ったあと、処刑されたそうです。

ここまでプライドを捨てて目的を達しようとするのは並の人間ではできることではないですね……。以上、土佐再興の望みを最期《さいご》まで捨てなかった長宗我部盛親さんでした。

橙武者と呼ばれて

薄田兼相（すすきだかねすけ）

評価：9

●生没年：?～一六一五年
●身分：豊臣家の家臣
●官位（通称、号）：隼人正

豊臣家の家臣で三〇〇〇石を与えられていた。大坂の陣での活躍よりも狒々《ひひ》や山賊を退治した話で有名な岩見重太郎と同一人物という説があることで知られている。

実在の兼相の名が知られるようになったのは、一六一四年十一月二十九日、徳川軍の石川忠総と蜂須賀至鎮が木津川口に築かれた博労淵の砦《とりで》を攻撃した戦いであった（博労淵の戦い）。兼相はここの守将であったが、なんと彼は前夜から娼婦の家に泊まり込んで砦を留守にしており、大将不在のまま戦闘に突入してしまう。そのため、砦は簡単に落ちてしまった。この戦いで兼相は『橙《だいだい》武者』とあだ名された。橙は見てくれは立派だが、不味《まず》くて食べられないため正月の飾り物などにしか利用されない。要するに兼相も見かけは立派な武者姿だが中身は使い物にならない無能な武将であると酷評されたのである。

翌年五月の夏の陣で、兼相は後藤基次・真田幸村隊らと共に徳川軍を迎え撃つため、大和口に出撃した。五月六日、兼相が主戦場の道明寺に到着した時には、すでに基次が小松山で伊達軍の銃弾に倒れた後だった（道明寺の戦い）。

兼相は徳川軍の大軍相手に一歩も退《ひ》かず何人もの敵を討ったが、多勢に無勢、水野勝成の家臣・河村重長に討ち取られる。

一説にはこの時、討死せずに薩摩に落ちのびた、という話もあるが、橙武者の汚《お》名《めい》をそそぐためにこの戦いに参加した兼相がそのようなことをするとは思えず、俗説であろう。

【コメント】

大阪の堂島の富豪で有名な「天王寺屋」は兼相の末裔らしいです。この人、死んでまで汚名をそそごうとしましたけど、今でもどの本にも橙武者のことが一番目立つように書かれていますから結局駄目だったようです。一度失ったものを取り戻すのは難しいですね。以上、猛将・薄田兼相さんでした。

大阪市天王寺区の増福寺にある薄田兼相の墓

後世に愛された豪傑

塙直之（ばんなおゆき）

評価：9

●生没年：一五六七～一六一五年
●身分：豊臣軍の部将
●官位（通称、号）：団右衛門

直之というよりむしろ団右衛門《だんえもん》という通称の方が有名である。生まれは尾張羽栗郡竜泉寺村、上総《かずさ》養老、遠江《とおとうみ》大須賀などさまざまな説がある。直之は主君を渡り歩いたあと、加藤嘉明の家臣となった。朝鮮出兵で活躍し、関ヶ原の戦いの頃には鉄砲大将となっている。関ヶ原の戦いでも加藤嘉明の下では奮戦するが、この時、直之は大将でありながら、兵を置いて槍を取って敵陣に突入してしまう。これを知った嘉明は後日、直之に向かって「お前は大将の器ではない」と罵倒《ばとう》した。直之はこれに怒り、無断で城を去る。

直之はその後、小早川秀秋《ひであき》・松平忠吉《ただよし》に仕えるが、二人とも仕えてすぐに亡くなってしまうという不運が続く。その後に福島正則の家臣となるが、ここでは嘉明の横槍にあって早々に立ち去った（小早川・松平は嘉明より格上なので嘉明は抗議できなかった）。行き場を失った直之は、水戸の知人に身を寄せたという説と、京で禅僧

泉佐野市にある塙直之の墓

をしていたという二つの説がある。

一六一四年に大坂の陣が起こると直之は大坂城に入り、大野治房の指揮下で冬の陣を戦った。直之の名が注目されるようになるのは和議の直前の奇襲戦である。一六一四年十二月十六日深夜、僅《わず》か二〇人を従えた直之は蜂須賀至鎮の陣所だった本町橋周辺に夜襲をかけ、見事成功した。

翌年の夏の陣で、徳川軍についた和歌山の浅野長晟を討つため大野治房が四月下旬に出撃し、直之には三〇〇〇の兵が与えられた。しかし同僚の岡部則綱の隊が先鋒を任され、自分の先を進んでいるのを知ると、少数で則綱に追いつくために馬を走らせ、二人で先駆け争いをしてしまう。結局、直之が一番乗りを果たしたものの気がつけば和泉樫井にいた浅野軍に少数で突撃してしまう（樫井の戦い）。奮戦したが兵力に差があり、どうすることもできず、敵の手にかかり首を取られてしまった。一六一五年四月二十九日のことである。


【コメント】

直之は講談で有名な人です。私には後藤基次の縮小版というイメージがあります。主君と喧嘩《けんか》して出ていったのも、主君の横槍があって行き場が無くなったのも似ていますし。

先駆け争いに夢中になって気がついたら前に出すぎていたなんて素敵です。本当にカッとなりやすい人だったのでしょうね。そんな彼だからみんなに愛されるキャラクターになったのでしょうけど。以上、豪傑・塙直之さんでした。

影の薄い総大将

豊臣秀頼（とよとみひでより）

評価：9

●生没年：一五九三～一六一五年
●身分：摂津大坂六五万石の大名
●官位（通称、号）：右大臣

豊臣秀吉の次男だが、長男の鶴松が病死したため豊臣政権の後継者となる。母は浅井長政の長女・茶々（のちの淀殿）。一五九八年、秀吉が没すると天下人となる。だが、二年後の関ヶ原の戦いで徳川家康が勝利すると、二〇〇万石から六五万石に領地を減らされてしまう。しかも三年後の一六〇三年には徳川家康が征夷大将軍に任ぜられ、江戸に幕府を開くと秀頼の天下人としての立場はなくなってしまう。そこで家康は豊臣家をなだめるため秀頼に彼の孫・千姫を嫁《とつ》がせる。

一六一一年三月、家康と二条城で会見をするが、無事に終わっている。一六一四年、冬の陣が始まると浪人たちの影響か少しずつ自分の意見というものを持っていく。冬の陣の際の和議に反対するなど以前の彼には考えられない行動を取るようになった（結局は淀殿らに諭《さと》され説得されてしまうが）。

一六一五年五月七日、天王寺・岡山の決戦で真田幸村の提案により出撃しようとするが、もたもたしているうちに味方が敗北してしまう。そこで出馬して戦死しようとするが、速水守久に止められる。いよいよ徳川軍が大坂城を攻め出すと、秀頼一行は城の一角にある山里曲輪に逃げ込むが、そこにも徳川軍が迫ったため、淀殿とともに自害して果てた。

【コメント】

なんかただ関ヶ原の戦いから夏の陣までのあらすじを書いただけになってしまいました。若くして亡くなっていますし、逸話も、冬の陣で和議に反対したとか、夏の陣での自害に至るまでのものしかありませんので、仕方がないですが……。以上、豊臣軍の総大将・豊臣秀頼さんでした。

京都市の清涼寺にある豊臣秀頼の首塚

豊臣家のホープ

木村重成（きむらしげなり）

評価：9

●生没年：一五九三？～一六一五年
●身分：豊臣軍の一軍の将
●官位（通称、号）：長門守

母は豊臣秀頼の乳母《めのと》の宮内卿局。父親は、豊臣秀吉の家臣で出羽《でわ》検地奉行の木村重滋《しげよし》、紀伊那賀郡猪垣村の地侍などさまざまな説がある。重成は秀頼の小姓として育ち、成長すると豊臣家の重臣となって重要な会議などにも出席するようになる。大坂冬の陣が始まると、数千の兵を率いる一軍の将となった。一六一四年十一月二十六日、大坂城の北東、今福の砦を佐竹義宣が攻撃し砦を落とされる。これを見た豊臣軍は、大坂城から木村重成、後藤基次を再奪取に向かわせた。重成はこの冬の陣が初陣《ういじん》であったが、敵に臆することなく立ち向かい、佐竹義宣を窮地に追い込んでいる（今福の戦い）。結局は徳川軍の上杉景勝が援軍に来たため撤退したが、重成の名前が全軍に知れ渡ることになった。

一六一五年、夏の陣が起こると重成は長宗我部盛親と共に徳川家康の本陣を討つため、河内へ出撃する。五月六日、大坂城を出撃した木村重成は河内若江で藤堂高虎軍の右翼と衝突する。これを破った重成は、展開していた兵を収拾し昼食を取らせると敵の来襲を待ち構えた。この時、家臣が「兵は疲れています。引き返しましょう」と諫《いさ》めたが、重成は「この程度の勝利はものの数ではない」と一蹴《いっしゅう》している。その時、井伊直孝が木村軍の前に現れ戦闘に入った（若江の戦い）。重成は家臣たちの諫言《かんげん》も聞かず、敵陣へと突撃を開始。だが西郡の堤の上で井伊軍の庵原朝昌《いはらともまさ》に落馬させられたあと、安藤重勝に首を取られた。

討ち取られた重成の首は、後日、家康の元に持ってこられ検分されるが、この際に頭髪から香の薫りがして家康がその覚悟を知り大いに褒め称えたという話が伝わっている。

最初から最後まで潔さを心がけた重成は敬う人々も多く、そんな人たちによって讃岐《さぬき》に逃れたという伝説も作られている。とにかく若すぎる死であった。

【コメント】

まず重成について浮かぶ言葉は『大坂城のアイドル』です。外見は『色白で、眉は黒々と際《きわ》立ち、細い目のめじりが凜と上がった美しい若者で、たぐい稀《まれ》なる気品を備えていた』と伝えられています。今いてもいい男そうですね。

外見だけではなく性格も良く以下のような話があります。重成が十五歳の頃、大坂城

東大阪市にある木村重成像

内で茶道坊主に冗談を言いました。それを真に受けた茶道坊主は怒り出し重成に躍りかかろうとしましたが、重成は静かに「心に思うことがなければ見過ごさないのだが……」と言い、去って行きました。

このことがあってから重成は城内で陰口を叩かれるようになります。ところが大坂冬の陣が起こり今福の戦いで重成は大活躍すると、人々は「彼が〝思うことがなければ〟と言って茶道坊主を相手にしなかったのは今日のようなことを考えていたからだろう」と大いに感服したそうです。以上、皆に惜しまれつつ逝《い》った木村重成さんでした。

秀忠を追いつめた治長の弟

大野治房(おおのはるふさ)

評価：8

●生没年：?～一六一五?年
●身分：豊臣家の家臣
●官位(通称、号)：主馬助

大野佐渡守の息子。母は淀殿の乳母・大蔵卿局。兄は大野治長。幼少から豊臣秀頼に仕えて五〇〇〇石を与えられた。大坂冬の陣が起こると二の丸と三の丸の一部と共に大坂城西にある船場の砦を守備する。

一六一四年十一月末、豊臣軍は次々と砦を落とされ残るは船場と天満だけとなった。そこで豊臣家上層部は砦の放棄を決めたが、治房は「一戦もしていないのに撤退はできない」と断る。困った治長は軍議を行なうからと治房を大坂城に呼びつけ、その間に砦の近くの町に火をつけ兵たちを無理やり撤退させた。このあとに蜂須賀至鎮軍が砦址を陣取り、治房軍の旗を拾って嘲笑したため治房は治長を深く恨んだという。

その汚名返上のために治房は徳川軍への攻撃を計画する。秀頼に許可をもらうと、十二月十六日深夜、屈辱を与えた蜂須賀軍に対して塙直之らに本町橋から夜襲

大野治房が活躍した岡山口周辺

をかけさせ見事成功させた。
翌年、和議によって大坂城の堀をすべて埋められ裸城になると、もともと和議には反対だった治房は浪人たちを再び募集して兵の増強を図る。そのため和議の継続を願う治長とはますます仲が険悪となっていた。
四月九日、治長が何者かに斬りつけられる事件が起きると治房に疑いがかかったが、特に処罰はされていない。
大坂夏の陣が始まると治房は野戦の指揮を取り、徳川軍の出鼻を挫くために大和方面に出撃するが、大和郡山を一時的に占拠しただけで大した戦果もなく撤退した（大和郡山の戦い）。その後、和歌山の浅野長晟を討つために和泉方面に出撃するが、そこでも先鋒の暴走などが重なり樫井の戦いで敗北してしまう。

五月七日、天王寺・岡山の決戦で岡山口の総司令官となり徳川秀忠軍を追いつめるが、結局は戦力の差で撤退することになってしまった。治房は敗残兵をまとめて無事に兵を大坂城まで戻したものの、本丸が炎に包まれ打つ手がなかったため、そのまま逃亡する。

その後の治房にはいろんな説があってはっきりしない。『城に飛び入って焼死した』『京都で捕らえられて首を刎《は》ねられる』『生け捕られて板倉勝重から切腹を申し付けられる』などあるが、生き残って行方《ゆくえ》をくらましたという説が一番有力である。


【コメント】

あまり評判のよろしくない治房ですが、岡山の決戦では外国の宣教師が「秀忠の隊を四回も撃破し、彼は退却しようとしたが部下に止められた」と言ったほどの活躍をし、また夏の陣の直前には家康から「治房が天下を望むという噂があるが無理とはいえない」と言わせています。ですので、なかなかの人物だったのでしょう。以上、豊臣軍の司令官の一人、大野治房さんでした。

逃げ上手のキリシタン

明石全登（あかしたけのり）

評価：8

●生没年：?～一六一五?年
●身分：大坂城五人衆
●官位（通称、号）：掃部頭

宇喜多《うきた》家の家臣・明石景親の息子。全登は非常に熱心なキリスト教信者として知られている。宇喜多家に仕え、四万石とも一〇万石とも言われる大名並の領地を与えられ、一五九九年に起きた主家の内紛後も重臣として残った。一六〇〇年の関ヶ原の戦いでは宇喜多軍の一隊を率いて、福島正則と激戦を繰り広げる。しかし西軍が敗北したため逃亡し、備中《びっちゅう》・播磨・摂津などに隠れ住んだと言われている。

一六一四年に大坂の陣が起こると大坂に入城する。徳川幕府に迫害されていたキリスト教の信仰の自由のためであった。冬の陣では目立った活躍はなかったが、翌年の夏の陣では重要な役を担《にな》うことになる。

一六一五年五月七日、天王寺・岡山の決戦で真田幸村は家康の首を取る秘策を提案した。それは豊臣軍主力が敵の注意を引きつけておいて、その間に別働隊が敵を迂回して背後に回り、混乱しているところで首を取るというもので、その別働隊の

関ヶ原の戦いで明石全登が布陣した宇喜多秀家の陣

役目を全登が担うことになったのだ。しかしその計画も豊臣秀頼の出馬中止などで水泡に帰し、明石隊はただの遊撃隊となってしまう。それを知らずに船場で好機を待っていた全登であったが、そのことを知ると、もはやこれまでと徳川軍に突撃する。松平忠直や水野勝成の軍を混乱させたものの多勢に無勢、やがて隊は壊滅した。

その後の全登のことは不明である。討ち取られたとも、土佐《とさ》や陸奥《むつ》、備前《びぜん》など日本のどこかに逃げたとも、もしくは国外に逃げたとも言われている。陣後、徳川家が同じ宇喜多家の家臣だった戸川逵《みち》安《やす》に全登の行方を九州から関東まで探索させたが、見つからずに終わっている。

【コメント】

全登は『たけのり』『てるずみ』『ぜんとう』などと読み、どれが正しいのか分かっていません。

彼は大坂城から逃亡したあと、どこに落ちのびて何をしていたのでしょうか。外国で静かにキリスト教を信仰しながら暮らしたのでしょうか。夏の陣で水野勝成や石川忠総の家臣が全登の首を取った説もありますが、行方不明の記録が多いため、そちらが有力です。真実は分かりませんが……。以上、謎の人物、明石全登さんでした。

豊臣軍一の勇将

毛利勝永（もうりかつなが）

評価：8

●生没年：一五七八？〜一六一五年
●身分：大坂城五人衆
●官位（通称、号）：豊前守

名前は吉政とも伝わっている。毛利吉成の息子。父の吉成は豊臣秀吉が無名の頃からの家臣で、秀吉の出世と共に吉成も身分が上がり、一五八七年の九州攻め後に豊前《ぶぜん》小倉《こくら》六万石を与えられている。この時、秀吉はもともと森だった姓を九州の大名たちに睨みが利《き》くように毛利姓に改めさせた。関ヶ原の戦いでは当然親子揃って西軍につき、勝永は伏見城攻めで功を上げる。しかし西軍の主力が敗北したため毛利家は所領を没収され、親子ともに土佐の山内一豊に預けられた。

一六一四年に、勝永の元に豊臣家の使者が来て力を貸すように伝える。そこで勝永は山内家を騙して海を渡り大坂城に入った。一六一五年五月、勝永は真田幸村・後藤基次らと共に、徳川軍の大和口の別働隊を叩くために出撃する。ここで勝永と幸村は霧のために約束の場所の国分への到着が遅れてしまい、単独で戦闘に挑んだ後藤基次軍の壊滅の原因を作ってしまった（道明寺の戦い）。幸村はこの時、自分を

毛利勝永が天王寺・岡山の決戦で陣を構えた四天王寺南大門

責め「このまま自分も後藤隊のように突撃して討死する」と勝永に言うが、逆に「どうせ死ぬなら、明日、秀頼様の前で戦って討死しましょう」と励《はげ》ましている。

この戦いの翌日である七日、天王寺・岡山の決戦で勝永は前日と同じく真田幸村と共に天王寺方面に布陣した。ここで秀頼の出撃を待ち出馬と同時に攻撃を開始する予定であったが、敵の進撃スピードが速かったため勝永は乱戦に巻き込まれる。

まず本多忠朝隊と戦うが、疾風《しっぷう》の如き活躍で敵の大将・本多忠朝を討ち取った。忠朝を破った毛利隊は僅か四〇〇〇の兵で、秋田実季《さねすえ》、小笠原秀政《おがさわらひでまさ》、榊原康勝、酒井家次など二万もの大軍を次から次へと撃破して家康の本陣に突入する。しかし家康本人は真田幸村に追いたてられて逃げたあとで、もぬけの殻であった。勝永はそこで家康の姿を捜すが発見する前に徳川軍の新手が現れ結局は撤退する他なくなってしまう。そこでも勝永は見事に大坂城に撤退すると、山里曲輪で秀頼の首を介錯したあとに自害した。

【コメント】

勝永はあまり有名な武将ではありませんが、天王寺・岡山の決戦では真田幸村以上の活躍をしています。もし幸村がいなかったら、彼が家康の首を取っていた……ことはなくても、もっと知名度が上がっていたのかもしれません。名字の読み方ですが、当時は『毛利』と書いて『もり』と読んでいたようですので、漢字だけが変わって読み方は同じだったみたいです。以上、豊臣家のために尽くした毛利勝永さんでした。

家康から一目置かれる

御宿政友（みしゅくまさとも）

評価：7

- 生没年：一五六四？〜一六一五年
- 身分：豊臣軍の部将
- 官位（通称、号）：越前守・勘兵衛

出生ははっきりとしたことが分かっていない。武田信玄の六男・葛山信貞の子、御宿信友の子などの説がある。武田家・上杉家・北条家・福島家を歴任したというがこれも詳細は不明。最後は結城秀康の家臣となり一万石を与えられていたが、その息子・松平忠直と上手くいかず浪人となった。

大坂の陣が起こると、越前《えちぜん》一国を賜《たまわ》る約束で大坂に入城した。この時、自分の家を去って越前守を名乗ったことに怒った忠直から五〇〇〇石の賞金をかけられている。樫井の戦いなどで活躍した。天王寺・岡山の決戦では小橋村付近に布陣して奮戦したが、忠直の家臣・野元右近に討ち取られる。

【コメント】

政友は名の知れた武将だったようです。大坂の陣の最中、徳川家康から「大坂城中に

祖父との説がある武田信玄の像

御宿政友と後藤基次以外は、別にこれといった人物はいない」と言われていますし、夏の陣での首実検の際も家康から「政友が若い時なら右近などに首を取られることもなかっただろうに」と言われています。

ちなみに大坂城に入ってからは一貫して越前守を名乗っていたそうですが、御宿勘兵衛の名の方が有名ですよね。以上、賞金首だった御宿政友さんでした。

伊達家を出奔する
山川賢信（やまかわかたのぶ）

評価：7

●生没年：不詳
●身分：豊臣家の部将
●官位（通称、号）：帯刀

最初、富塚小平二と名乗る。伊達家の家臣・富塚信綱の弟。賢信も伊達家に仕え、関ヶ原の戦いで上杉景勝軍と戦い、安田勘助を討ち取った。その後、出奔し山川賢信と名を変え大坂城に入る。一六一五年五月六日の道明寺の戦いで奮戦した。翌日の天王寺・岡山の決戦でも戦ったが豊臣軍が敗北したため、北川宣勝《のぶかつ》と共に大坂城を脱出して滝本法印という僧の元に身を寄せる。しかし詮索の手が及び始めるとそこも脱出した。

だが法印が捕まったことを知ると、宣勝と一緒に京都所司代の板倉勝重に自首して本能寺に留め置かれる。しかし、徳川家康は「奇特な分別をする可愛い奴らだ」と罪を許し、一六一六年八月に京都を追い払われ、平戸の松浦隆信の預かりとなった。そしてそのまま家臣となり、休翁と号する。没年は不明。

【コメント】

賢信が伊達家を出奔した理由がよく分かりません。兄の宗総が賢信と一緒に安田勘助を討ち取ったにもかかわらず、伊達政宗にそれを認められなかったために出奔しているので、それについて行っただけかもしれません。そしてそれに賢信の知り合いだった北川宣勝が加わった……といったところだったのでしょうか？

以上、北川宣勝といつも仲良く一緒の山川賢信さんでした。

山川賢信が留め置かれた本能寺

生きるためには仕方がない

織田長益(おだながます)

評価：7

●生没年：一五四七～一六二一年
●身分：大和国内で三万石の大名
●官位(通称、号)：有楽斎

織田信秀の一一男。織田信長の弟。織田軍の一員として各地で戦い甲州攻めなどに従軍した。本能寺の変が起こった際に京都にいて巻き込まれるが、安土城へ逃げて助かる。

その後、豊臣秀吉に仕えて摂津島下郡味舌《ました》に二〇〇〇石を与えられた。そして出家し有楽斎《うらくさい》と号する。千利休《せんのりきゅう》から茶の湯を習い『利休七哲』に数えられ、彼が亡くなったあとは秀吉の茶の湯を担当した。

関ヶ原の戦いでは東軍について石田三成軍の猛将を討ち取るという功があり、大和国内に三万石を与えられる。大坂冬の陣が起こると大坂城に入り姪の淀殿を補佐したが、内実は徳川家に通じ豊臣家の情報を関東に流していた。徳川家康が和議を希望するとそのために動き豊臣秀頼の説得をする。夏の陣が始まる直前に大坂城を出て京都の東山で余生を過ごした。一六二一年十二月十三日に死亡する。

高野山にある大和織田家の供養塔

【コメント】

卑怯者で有名な有楽斎さんですが、そんなに悪いことをしているのでしょうか？　生き残るためにはそれしか道がなかっただけだと思いますが。それにいろいろ言う人が彼の立場になった時にどれだけのことができるのか疑問です。大坂城にいたら疑われて殺される危険だってあったでしょうから、その勇気はなかなか真似ができないことだと思います。本気で豊臣家を助けようと思ってやった行為だったかもしれないですし。以上、茶人として有名な織田有楽斎さんでした。

名将の息子

真田幸昌（さなだゆきまさ）

評価：7

- 生没年：一六〇一？〜一六一五年
- 身分：豊臣軍の部将
- 官位（通称、号）：大助

名前は幸綱なども伝わっている。真田大助という通称で有名。信州上田城主・真田昌幸の孫で、真田幸村の長男。母は大谷吉継《おおたによしつぐ》の娘。関ヶ原の戦いに敗れ、紀州九度山に蟄居《ちっきょ》した真田家に生まれ、そこで育つ。

一六一四年、幸村と共に豊臣家の招きに応じて九度山を脱出し大坂城へ入った。冬の陣では父と真田丸に籠り、城南の戦いで敵が浮き足立ったところで出撃し、徳川軍に打撃を与えるという初陣ながら立派な活躍をしている。

翌年五月六日、父と共に大和路方面を進撃する徳川軍を迎え撃つために出撃。河内誉田付近で真田軍が伊達政宗軍の片倉重長隊と激突した際、幸昌は敵と組み合い股に負傷したものの首を取った（道明寺の戦い）。

翌日七日の天王寺・岡山の決戦でも幸村と共に茶臼山に布陣する。この戦いで総大将・豊臣秀頼が出撃することになっていたため、幸村は幸昌に秀頼への使者と人

真田幸昌の生まれた九度山にある真田庵

質を兼ねて、大坂城へ戻るように言う。幸昌は一緒に戦いたいと訴えるが、それは許されず大坂城へと戻らされた。そこで秀頼に出馬を請うが、聞き入れられなかった。

そうこうしているうちに豊臣軍は敗北し、台所から火の手が上がったため、本丸は危険だと判断した秀頼一行と共に幸昌は山里曲輪に避難する。そこで幸昌は速水守久に脱出を勧められるがそれを拒否し、八日に秀頼らと共に自害した。

【コメント】

のちに「幸昌が落ちのびて九度山に隠れ住んだ」という噂が立ち、京都所司代によってそこにいた老人が捕らえられて処刑されていますが、脱出を拒否した彼がそんなことをするとは思えないのでおそらく偽者でしょう。

また他にも生存説があり、落城時に熊野に逃れて知り合いの田中新之丞という人物に匿われていましたが、一六一九年に徳川頼宣が紀伊に入った後に何も言わずに去っていったそうです。

右記二つ以外にも高野山の蓮華《れんげ》定《じょう》院（真田昌幸・幸村親子が関ヶ原の戦い後、九度山に移されるまでいた寺。また信濃松代《まつしろ》の大名だった真田家の菩提寺の一つでもある）の過去帳に幸昌の戒名が記してあり年齢が七十過ぎだったという話もあります。

父の幸村にも多数の生存説があるように、判官《はんがん》贔屓《びいき》からそういう話が作られたのでしょうね。以上、超人気者・幸村さんの息子・真田幸昌さんでした。

豊臣軍エリートの筆頭

速水守久（はやみもりひさ）

評価：7

●生没年：？〜一六一五年
●身分：豊臣家領内一万五〇〇〇石
●官位（通称、号）：甲斐守

名前は時久・種久・種之とも伝わっている。一五七三年、豊臣秀吉の家臣となり近江国内に領地を与えられた。のちに近習組頭となり、小牧《こまき》・長久手《ながくて》の戦い、小田原攻め、朝鮮出兵に従軍する。関ヶ原の戦い後に一万五〇〇〇石となり、七手組の筆頭となった。

一六一四年に方広寺鐘銘事件が起こり、片桐且元の立場が危うくなると調停役を買って出たが、結局、豊臣家上層部の疑いを解くことができずにいる。且元が大坂城から出て行く際に彼の護衛をした。このあと、豊臣家上層部は今後のことを話し合うために七手組を招いたが、組のみんなが且元の件で上層部に不信感を示し、会議に出たくないと言い始めたので、守久はこれをなだめてなんとか会議に参加させている。

大坂冬の陣では鴫野の戦いで上杉景勝軍相手に奮戦した。夏の陣の天王寺・岡山

速水守久が従軍した長久手古戦場碑

の決戦では遊軍として真田幸村の後ろに陣を構え、藤堂高虎を破るなど奮戦したが、結局豊臣軍が敗北したため大坂城へ戻る。この時、豊臣秀頼が出撃しようとしていたので「本丸を固め、万策《ばんさく》尽きたあとに自害しても遅くはありません」と止めて城内に引き返させた。逃げ込んだ山里曲輪で秀頼と淀殿の助命願いの答えを待ったが受け入れられず、一六一五年五月八日、息子・出来麿や秀頼親子らと共に自害する。

【コメント】

立場上、七手組の人たちと淀殿や秀頼の間に挟まれて、胃が痛い思いを何度もしたことでしょう。七手組の筆頭だったので武勇に優れていたそうです。以上、豊臣家のために尽くした速水守久さんでした。

槍の名手も団体戦では勝てず

渡辺糺(わたなべただす)

評価:7

●生没年:?〜一六一五年
●身分:豊臣家の家臣
●官位(通称、号):内蔵助

渡辺昌の息子。母は淀殿の側近・正栄尼。昌は足利義昭《あしかがよしあき》の家臣だったが、一五七三年に義昭を見限って織田信長・豊臣秀吉の家臣となった人物。糺も豊臣家に仕え槍の名人として知られていた。関ヶ原の戦い後は重臣たちが一斉にいなくなったので、権勢を振るう。

大坂の陣直前では主戦派に属して、裏切ったと勘違いされた片桐且元を殺そうとし、それが失敗すると彼を大坂城から追い出した。大坂冬の陣では部将の一人となり、鴫野の戦いでは上杉景勝軍相手に当初は奮戦したが、逆襲にあうとすぐに退却しその戦い振りを馬鹿にされている。夏の陣では汚名返上のために奮戦し、一六一五年五月六日の道明寺の戦いで負傷した。翌日の天王寺・岡山の決戦でも活躍したが豊臣軍が敗北したため、大坂落城時に戦死する。

ただ別の説もあり、落城寸前まで豊臣秀頼を守っていたが「なんとか命を保ってください。私も生き延び、再起の時に駆け付けます」と言い、近江に落ちのびた。

しかし、秀頼が自害したのを聞き、立ったまま切腹したという。


【コメント】

糺は大坂の陣ではよく名前を見る武将で、大坂城内の主戦派として有名です。ちなみに冬の陣での不甲斐ない戦ぶりというのは、敵の援軍である堀尾忠晴軍に攻め立てられた時に一番に逃げてしまったことで、『渡辺が浮き名を流す鳴野川、敵に逢てや目は内蔵助《くらのすけ》』という狂歌も作られています。「くらのすけ」と目が眩むをかけているわけです。

以上、槍の達人・渡辺糺さんでした。

京都市清涼寺にある渡辺一族の墓

裏切りの果てに……

南条元忠（なんじょうもとただ）

評価：7

●生没年：一五七九〜一六一四？年
●身分：豊臣家の部将
●官位（通称、号）：中務大輔

名前は忠成とも。伯耆《ほうき》羽衣石《うえし》四万石の大名・南条元続の嫡男。南条家の先祖は太平記の時代に活躍した塩冶高貞《えんやたかさだ》。一五九一年に父が亡くなり跡を継いだ。当初は幼少であったため、叔父の元清が経営の一切を見ており、朝鮮出兵も元清が参加している。

一六〇〇年の関ヶ原の戦いで西軍についたために所領を没収されてしまう。その後、浪人となるが大坂冬の陣が起こると旧臣と共に大坂へ入城した。大坂城西の平野橋口で三〇〇〇人程の兵を与えられた。

だが藤堂高虎の叔父と知り合いであったため、伯耆一国を条件として裏切りを約束する。そこで元忠は、塀柱の根を切り、そこから東軍を城内に招き入れることにした。しかし、それを渡辺糺らに見つかってしまい、城内の千畳敷で切腹させられてしまう。また、内応したふりをし、真田幸村と計って東軍をおびき寄せ、夏の陣まで生き残り、大坂落城の際に自害した、との説もある。

【コメント】

裏切りの代償が伯耆一国だなんて、無理だと分かっているのに手を出さずにはいられない。人って悲しい生き物ですね……。私もそういう状況なら可能性にかけてそうすると思います。でも、これがきっかけで城南の戦いが大規模なものになるなんて皮肉なものです。以上、悲哀が感じられる南条元忠さんでした。

鳥取県倉吉市の定光寺にある南条元忠の墓

家康に許される

北川宣勝(きたがわのぶかつ)

評価:7

●生没年:不詳
●身分:豊臣家の部将
●官位(通称、号):次郎兵衛

本名不明(浜田某《なにがし》か?)。変名後の名前は信勝・定勝とも伝わっている。伊達政宗の重臣・浜田景隆の長男。慶長《けいちょう》年間に出奔《しゅっぽん》し、北川宣勝と名を変え大坂に入城した。冬の陣では大坂城南の谷町口を守備する。夏の陣では道明寺の戦いで奮戦した。翌日の天王寺・岡山の決戦でも活躍したが豊臣軍が崩壊したため同じ伊達家の旧臣・山川賢信と共に逃亡する。一度は徳川軍に捕まるが、徳川家康が彼らの罪を許したので釈放され、息子の長倫と共に九州の大村純頼に預けられた。

【コメント】

宣勝は、大坂の陣での陣地もその後の行動もすべて山川賢信と一緒なところを見ると、二人とも伊達家で顔見知りだったのは間違いないようです。ちなみに北川宣勝は山川賢信の甥だとの説もあります。

冬の陣の際に次のような話があります。長宗我部盛親の持ち口が心もとないと、七手組が相談をして、城南の戦いで活躍した北川宣勝に盛親を指揮させることにしました。それを使者が盛親に伝えると「分かりました。持ち口を外してください。宣勝殿のどのような下知にも従います」と答えました。しかし宣勝は「私が長宗我部殿の指揮を受けるべきです」と了承しなかった。

そこで使者は盛親を呼び寄せ、このことを伝えると「宣勝殿が納得してくれないのなら、この上は切腹する他はない」と言います。それを聞いた宣勝は「何と言われても指揮は出来ません。切腹されるのも迷惑です」と頑としてそれに応じませんでした。

困り果てた豊臣家の上層部は相談の結果、二人の意思に任せることにした。そこで宣勝は「私が指揮を任される予定の守地と今の盛親殿の守地はさほど変わりがないので、長宗我部軍だけでやりくりできるでしょう」と譲り最終的にそうなったそうです。相手が元土佐の大名ということで顔を立てて上げたのでしょうね。

以上、山川賢信といつも一緒の北川宣勝さんでした。

北川宣勝の守備した大阪城南に位置する谷町口

幸村を監視する
伊木遠雄（いきとおかつ）

評価：6

●生没年：一五六七～一六一五年
●身分：真田隊の監使
●官位（通称、号）：七郎衛門

伊木家は平清盛《たいらのきよもり》の末裔《まつえい》で、尾張に住んでいたと言われている。豊臣秀吉に仕え、賤ヶ岳《しずがたけ》の戦いに従軍し功があり黄母衣衆《きほろしゅう》に選ばれた。朝鮮出兵にも従軍している。関ヶ原の戦い後に浪人となったが、大坂の陣が起こると大坂に入城し、真田幸村の監使となった。

城南の戦いで徳川軍が苦戦しているのを見て真田幸昌と共に城外に打って出て敵に損害を与えている。夏の陣でも幸村と行動を共にし、道明寺の戦いで奮戦した。五月七日の天王寺・岡山の決戦で戦死する。

【コメント】

遠雄には戦死した説の他に五月七日に逃亡したが、真野頼包《よりかね》と刺し違えて死んだという説もあります。しかし頼包には藤堂家に仕えたという話もありますし、どちらが本当

伊木遠雄が奮戦した賤ヶ岳古戦場の碑

なのでしょうか？

　ちなみに遠雄の息子の尚重ですが、父と一緒に大坂の陣を戦い、落城後は松代藩主・真田信之（幸村の兄）の家臣となっています。

　以上、幸村の数少ない理解者と言われる伊木遠雄さんでした。

男を捨てた武将

岡部則綱（おかべのりつな）

評価：6

- ●生没年：不詳
- ●身分：豊臣軍の部将
- ●官位（通称、号）：大学

最初、今川家の家臣・朝比奈信置に仕えていたが、そこを辞して上方《かみがた》に上り、いろいろな大名を渡り歩いた。大坂の陣が起こると入城し、大野治房に属して戦う。夏の陣の樫井の戦いで塙直之・淡輪重政《たんのわしげまさ》らと共に浅野軍と交戦し負傷した。この際、直之と先鋒争いを行ない、結果的に彼を死に追いやったため、仲の悪かった直之を見殺しにしたと同僚に罵倒される。

気に病《や》んだ則綱は毛利勝永に「上に先鋒争いをしたせいで直之を死なせてしまったことを報告して切腹させてくれ」と願い出た。しかし勝永に「直之の討死の理由を偽りなく報告してくれたのは感心した。そのように実のあるあなたのことを報告して切腹させるのは惜しいので、これは聞かなかったことにする」と止められている。五月七日の岡山の決戦にも参加したが、豊臣軍が敗北すると落ちのびて、逃亡先で名前を変えて暮らしたという。

岡部則綱が奮戦した樫井に流れる樫井川

【コメント】

陣後、隠れて暮らしていた時に、大坂の陣のことを聞かれると「我は一人前の男ではないので剃髪《ていはつ》した。合戦のことは覚えていない」と答えたそうです。直之のことが心に引っかかっていたのでしょうね。

彼のことは『大坂御陣覚書』にも書いてあり、それによると『元は犬塚大学と言い加藤嘉明の家来の時に塙団右衛門と同僚だった。また彼は嘉明の甥である河村権七の母方の叔父になる。大坂の陣後、男をやめて愧世庵《きせいあん》と名乗って隠居した』のだそうです。以上、先鋒争いで有名な岡部則綱さんでした。

大坂の陣で活躍した無名の名将

高松久重（たかまつひさしげ）

評価：6

●生没年：一五九五？～一六四九年
●身分：木村隊の部隊長
●官位（通称、号）：内匠

高松憲重の子。高松家は代々讃岐高松を治めた土豪だったが、祖父の高松嘉重が一五八五年の四国攻めの際に長宗我部元親について戦死し一族も讃岐を追われる。そのため父の憲重は肥後《ひご》に落ちのび、宇土城主・小西行長《ゆきなが》に一万石で仕えた。一六〇〇年に小西家が関ヶ原の戦いで西軍に属して滅亡すると、久重は生駒家に仕えたと思われる。しかし十六歳の時に人を斬って逃亡し、十八歳の時に讃岐に戻って一〇〇〇石を与えられた。だが二十歳で再び去り大坂に移り住み、大坂の陣が起こると大坂城に入り木村重成に属して足軽三〇人を預けられる。

一六一四年十一月七日、徳川軍が中島に攻め入った時、木村重成は打って出て応戦した。そこで久重は鉄砲傷を負いながらも敵の物頭を撃ち倒し追い返す。すると今度は敵が中津川に船を出して攻めてきたので、木村軍の兵は鉄砲を放ったが、射程外だったため、久重が一人で進み出て船奉行を撃ち落として敵の進撃を止めた。

高松久重が陣後仕えた松平定綱の居城・桑名城

同月二十六日の今福の戦いでは佐竹義宣軍相手に鉄砲で多数の兵を撃ち倒し活躍する。その時に佐竹軍が堤の上に指物を置いて柵内に退《しりぞ》いたので、走り寄って奪おうとし、敵兵と争いとなったが最終的には一本を奪い取った。久重はさらに敵を追撃して佐竹軍の戸村義国らと戦い、宇佐美三十郎を討ち取る。その後も何度も功があり、重成から感状数枚を受け取った。

一六一五年五月六日の若江の戦いでは左備の木村宗明に属して小笠原秀政と戦うが、その最中に本隊が敗北し重成も戦死してしまう。そこで久重は敗兵を集め、馬をなくした兵三人には、主人から離れた馬を捕まえて彼らに与え、自らは殿《しんがり》を務めて見事に撤退に成功した。この活躍は敵味方から賞賛されている。

大坂落城後は蜂須賀家から三〇〇〇石で招かれるが断り、浪人となった。だが松平定綱から一族を含めて三〇〇〇石で招かれたので、老分の身分で仕える。その後、木村重成軍に属して後に池田家に仕えていた長屋平太夫と斉藤加右衛門の二人が大坂の陣の頃の戦功に関して口論となったので、証人となっている。一六四九年一月に死亡した。


【コメント】

三〇〇〇石で招かれるとは勇名を馳せていたということでしょうね。まあ大坂の陣であれだけ活躍していれば当たり前ですが。

今福の戦いで奪った旗についてですが、それに描いてあった佐竹家の家紋である扇の絵を自分の家紋としたそうです。佐竹家としては屈辱だったと思います。また、その戦いで槍を合わせた戸村義国とは、伊勢東方村大福田寺の住職・兼持法印を通して戦いでのことで文通をしたそうです。以上、陣後は引く手あまただった高松久重さんでした。

三好三人衆の生き残り

三好政康（みよしまさやす）

評価：6

●生没年：一五二八～一六一五年
●身分：豊臣家の部将
●官位（通称、号）：下野守・清海入道

摂津榎並《えなみ》城主・三好頼澄の息子。一族の三好長慶《ながよし》が近畿を支配すると、彼に仕える。一五六四年に長慶が死亡し養子の義継が跡を継ぐと、三好本家を補佐した。一五六五年には三好家の家臣・松永久秀とともに、言うことを聞かない足利幕府の十三代将軍である足利義輝《よしてる》を殺害する。しかしその後、義継や久秀と対立し、それが三好家内部の勢力争いに発展してしまい三好家は弱体化していった。

一五六八年に織田信長が義輝の弟・足利義昭を擁し上洛してくると、政康は他の一族とともに抵抗したが敗北し、阿波に逃亡している。その後、京都から岐阜に帰る途中の信長を襲ったり、義昭のいる本圀寺《ほんこくじ》を囲んだりしているが、結局は信長の逆襲にあい失敗し再び逃亡した。後に豊臣秀吉・秀頼に仕え、出家し清海入道を名乗っている。大坂の両陣に出陣するが、一六一五年五月七日の天王寺・岡山の決戦で討死した。

堺市の南宗寺にある三好一族の墓

【コメント】

おそらく、この政康が大坂の陣に参戦した人で最高齢（八十八歳）でしょう。大坂の陣当時、世間の人たちは彼を永《えい》禄《ろく》・元《げん》亀《き》時代の亡霊って感じで見ていたのでしょうね。一時は近畿を制圧していたのに末路は悲しいものです……。まさに栄枯盛衰ですね。

以上、真田十勇士の一人・三好清海入道のモデルとなったという説がある三好政康さんでした。

律儀者
氏家行広（うじいえゆきひろ）

評価：6

●生没年：一五四六年〜一六一五年
●身分：豊臣軍の部将
●官位（通称、号）：内膳正

美濃三人衆の一人として有名な氏家直元（卜全《ぼくぜん》）の次男。一五八三年に兄が亡くなったため、家督を継ぎ美濃大垣城主となった。美濃三塚城主を経て、一五九〇年の小田原攻め後に伊勢桑名二万二〇〇〇石に移封される。一六〇〇年の関ヶ原の戦いでは西軍につき桑名城を守るが、主力の石田三成たちが負けたため東軍の池田長吉らの説得に従い城を明け渡した。

そのまま浪人となり荻野道喜《おぎのどうき》と名を変え、若狭の京極高次《きょうごくたかつぐ》と播磨の池田輝政の間を往来し暮らしていたが、一六一四年に大坂の陣が起こると大坂へ入城する。夏の陣直前には徳川家康から一〇万石の領土を条件に誘われたが、これを断り最後まで豊臣家のために尽くした。一六一五年五月八日、大坂が落城した際に、山里曲輪で豊臣秀頼らとともに自害する。

氏家行広が城主だった桑名城址

【コメント】

行広は豊臣家に恩義を感じていたらしく、関ヶ原の戦いの時に本多忠勝から東軍につくように言われますが「秀吉公から恩を受けているのでそれはできない」と断っています。また冬の陣の直前にも家康から誘われていますが「自分は不肖の者で、関ヶ原の戦い後からずっと弓馬の道を捨てているので、お断りします」と言っています。家康が三度も誘っているということはかなりの名将だったのでしょう。以上、豊臣家のために最後まで尽くした氏家行広さんでした。

父よりも信仰を取る

小笠原権之丞（おがさわらごんのじょう）

評価：6

●生没年：一五八九〜一六一五年
●身分：豊臣軍の部将
●官位（通称、号）：権之丞

名前は不明。小笠原広朝《ひろとも》の子。しかし京都の三条某の娘と徳川家康の間に生まれたという説もある。家康に仕えていたが、一六一二年にキリスト教徒だったということで改易された。

大坂の陣が起こると大坂に入城し三〇人程の兵を預けられる。最後の天王寺・岡山の決戦の際に、徳川軍で権之丞を知っている者たちが彼に対して「こちらに寝返ったらどうだ」と勧めたが、権之丞は「私は徳川家康の子という噂がある。その私が冬の陣から籠城しているのに何の手柄もなく寝返れば、もともと裏切るつもりで籠城し逃げ出したと批判される。私にその気持ちはまったくなく秀頼公に忠節を誓っているからここで討死する」と言って応じなかった。松平忠直軍の手にかかり討死したという。

小笠原権之丞の父との噂がある徳川家康の像（駿府城のもの）

【コメント】

おそらく権之丞はキリスト教を認めてもらうために大坂に入城したのでしょう。本当に家康の息子だとしたら、家臣のままでいたら大名になれたかもしれません。以上、家康の隠し子疑惑のあった小笠原権之丞さんでした。

弟に救われる

新宮行朝（しんぐうゆきとも）

評価：6

●生没年：一五九六〜一六四五年
●身分：豊臣軍の部将
●官位（通称、号）：左馬助・若狭

紀伊新宮城主・堀内氏善《ほりのうちうじよし》の長男（弟とも言われている）。名前は堀内氏弘とも伝わっている。関ヶ原の戦いで堀内家は西軍につき改易されたため行朝は浪人となった。大坂の陣が起こると旧領回復のため家臣三〇〇人を率いて大坂城に入り、大野治房の組に属して、夏の陣での天王寺・岡山の決戦などで活躍する。他にも紀伊との繋がりを活かして紀州一揆を煽動《せんどう》し浅野家を混乱させた。

落城後、逃亡したが大和口で松倉重政軍に捕まり捕虜となってしまう。しかし弟の堀内氏久《うじひさ》が千姫救出の際に護衛をしたので、その功により許され、藤堂高虎の家臣となった。一六四五年に死亡する。

【コメント】

関ヶ原の戦い後、浪人ではなく浅野家に仕え五〇〇石を与えられていたが、そこを去

新宮行朝のいた新宮城址

って大坂城に入城したという話もあります。また、大坂の陣後、仕えたのが藤堂家ではなく片桐家だったという話もあります。このように、この人はいろんな話があってよく分かりません。以上、弟のおかげで命が助かった新宮行朝さんでした。

旧主と世話になった家、どちらを取るか

青木一重(あおきかずしげ)

評価：6

●生没年：一五五一〜一六二八年
●身分：摂津豊島他で一万石の大名
●官位(通称、号)：民部少輔

青木重直の息子。青木家は美濃の豪族で、土岐《とき》・斎藤・織田家などに仕えてきた。一重は今川義元《よしもと》に仕えていたが、今川家が没落すると徳川家康の家臣となる。一五七〇年の姉川の戦いでは朝倉家の勇将・真柄直隆《まがらなおたか》を討ち取る功を上げた。一五七二年からは丹羽長秀に仕え、一五八五年からは豊臣秀吉に仕え黄母衣衆となる。一五八五年に摂津・備中・伊予《いよ》などで領地を与えられ一万石の領主となった。

大坂冬の陣では七手組頭の一人として大坂城に籠り、鴫野の戦いで上杉景勝軍相手に奮戦している。夏の陣前に豊臣秀頼の使者として家康のもとに赴《おもむ》いたが、帰りの京都で板倉勝重に「戻れば徳川家にいる弟の可重を殺す」と脅され抑留されてしまう。大坂が落城し豊臣家が滅びると剃髪したが、家康が復帰を望み、摂津麻田に一万石を与えられた。一六二八年八月九日に死亡する。

青木一重が活躍した姉川の戦いでの戦死者の碑

【コメント】

一重は徳川家との戦争には反対で、片桐且元が追い出されたあとに不信感を示して会議に参加するのを拒んでいます。また冬の陣の最中も内容は分かりませんが、和議の直前に家康に手紙を送っています。ですので、勝重に抑留されたというのも、残るための芝居だったかもしれません。以上、古巣に戻らされた青木一重さんでした。

豊臣家のために死ぬ

和久宗是（わくそうぜ）

評価：6

●生没年：一五三五〜一六一五年
●身分：豊臣家の家臣
●官位（通称、号）：又兵衛

三好家・足利家・織田家に仕え、その後、豊臣秀吉の祐筆《ゆうひつ》となる。一五九〇年の小田原攻めで豊臣家の使者となり伊達政宗に出陣するように促した。隠居すると親しかった伊達政宗のいる仙台に行き彼に仕え黒川郡大谷に住む。

大坂冬の陣が起こると政宗に「豊臣家のために死にたい」と願い出て許され、大坂城に入ったが和議となった。一六一五年五月七日の天王寺・岡山の決戦で「甲冑を着けていないと年寄りだと侮《あなど》って近寄らないだろう」と白綾《しらあや》（白地の綾織物）を被って徳川軍に突入して戦死した。

【コメント】

宗是の最期は『斎藤実盛《さねもり》（平安末期の武将。平宗盛に仕え、一一八三年に平維盛《これもり》が北陸に源《みなもとの》義仲《よしなか》を攻めた時これに従い、加賀篠原で討死した。謡曲、浄瑠璃、歌舞伎など

和久宗是が活躍した小田原攻めで戦いの中心となった小田原城

に取り上げられている『国語大辞典（新装版）』小学館）の遺風あり』と賞賛されたそうです。以上、豊臣家のために殉じた和久宗是さんでした。

父に代わって豊臣家に尽くす

増田盛次（ましたもりつぐ）

評価：6

●生没年：?～一六一五年
●身分：徳川義直の家臣→豊臣軍の部将
●官位（通称、号）：兵部大輔

増田長盛《ましたながもり》の息子。長盛が関ヶ原の戦いで西軍についたため所領を没収され浪人となった。その後、徳川義直《よしなお》に仕えて大坂冬の陣に参戦し戦功を上げるが、突然出奔し大坂城に入る。夏の陣では長宗我部盛親軍に属して八尾の戦いで藤堂高虎軍と戦った。長宗我部軍が敗走したため殿《しんがり》を務めるが、藤堂軍の渡辺了《さとる》（父の旧臣）隊の激しい追撃にあい、磯野行尚《ゆきひさ》によって討ち取られる。

【コメント】

盛次の死後に次のような話があります。行尚は八尾の戦いで大将らしき人物の首を取りましたが、それが誰なのか分かりませんでした。それから五年程過ぎたある日、一人の老女が行尚の屋敷を訪ねてきて「自分は盛次の乳母で、討死をしたことは聞いていましたが、遺体も分からず苦しい日々を過ごしていました。しかし最近、噂で『磯野行尚

増田盛次の主君だった徳川義直の居城・名古屋城

と言う方が錦の羽織を着た大将を討ち取ったが、その姓名が分からない』と聞き、盛次殿かどうか確かめに来ました」と事情を話しました。

これを聞いた行尚は老女の心中を察し「盛次を討ち取った際に得た遺品のうち、一品だけどれでもいいから与えよう」と言ったので、「この短刀は盛次殿が出生の時に父の長盛殿より遣わされた品なので、常に身から放さず持っておられました。それ故、これを私にください」とお願いし、それをもらったそうです。

以上、旧臣との因縁の対決の末、亡くなった増田盛次さんでした。

官僚武将の悲劇

増田長盛（ましたながもり）

評価：6

- 生没年：一五四五～一六一五年
- 身分：高力清長預かり
- 官位（通称、号）：右衛門尉

尾張増田村の生まれ（近江の出身という説もある）。豊臣秀吉に仕え、小牧・長久手の戦いで戦功を上げ、後に二万石を与えられている。朝鮮出兵では行政、軍務を担当した。大和郡山城主の豊臣秀保が死亡すると一五九四年（一五九五年とも）に大和郡山二〇万石の大名となる。

秀吉が亡くなったあとは五奉行の一人として豊臣秀頼を補佐した。関ヶ原の戦いで石田三成が挙兵すると、これに同調し立ち上がる。しかし、その一方で三成挙兵を家康に密通し保身を図ろうとした。戦後、その密通のため、命は助けられたが所領は没収され高野山に追放される。後に武蔵岩槻《むさしいわつき》城主の高力清長に預けられた。

大坂の陣が起こると家康にスパイとして大坂に入城するように勧められるが、これを拒否する。息子の盛次が大坂に入城し豊臣軍として戦死したために、一六一五年五月二十七日、自害させられた。

【コメント】

　スパイになることを断ったと言うことは、豊臣家に対する恩義は感じていたのでしょうね。以上、哀れな最期を遂げた増田長盛さんでした。

愛知県稲沢市にある増田長盛邸址

たった一度の行動で命を拾う

堀内氏久（ほりのうちうじひさ）

評価：6

●生没年：一五九五〜一六五七年
●身分：豊臣軍の部将
●官位（通称、号）：主水

紀伊新宮城主・堀内氏善の三男（一説には七男）。母は九鬼嘉隆《くきよしたか》の養女。新宮行朝の弟とも甥とも言われる。大坂の陣が起こると大坂に入城する。一六一五年五月七日、豊臣軍の敗北が決定的になった際に落ちのびる千姫の護衛をし、徳川軍の中で知り合いだった坂崎直盛《さかざきなおもり》の陣に行き彼女を引き渡した。この功で命を助けられ、下《しも》総国内《うさ》で五〇〇石を与えられ旗本となる。一六五七年八月二十日に死亡した。

【コメント】

氏久は、千姫の護衛についただけで旗本にまでなり、何もしていない兄・行朝まで助かっています。家康たちはよほど彼女が助かったのが嬉しかったのでしょうね。

ちなみに堀内一族で大坂の陣に関係した人物は、前出の行朝と本項の氏久の他に堀内大学という人がおり、この人は地元に残って紀州一揆で豊臣軍に呼応して北山郷の土豪

堀内氏久が助けた高野山にある千姫の供養塔

を集結させています。

以上、千姫を護衛した人物として有名な堀内氏久さんでした。

道頓堀を造る
安井成安（やすいなりやす）

評価：5

●生没年：一五三三〜一六一五年
●身分：大坂の町人
●官位（通称、号）：市左衛門・道頓

安井定次の子。剃髪後は道頓と名乗った。安井家は足利家の一族と言われており、河内渋川郡を領し（久宝寺村辺りだと言われている）、渋川姓を名乗っている。しかし後に播磨の安井に移封され、安井姓を名乗るようになった。

定次・成安親子は豊臣秀吉が大坂城を築いた際に工事に参加し功があったので、城南の地を与えられる。一六一二年に成安は豊臣家に命じられて、東横堀川から木津川に通じる水路の工事に取りかかった。弟の治兵衛と道卜《どうぼく》や領民たちの力を借りて工事を進めたが、一六一五年四月に大坂夏の陣が起こると豊臣家からの恩を返すために大坂に入城し五月に戦死する。

しかし弟たちが工事の跡を継ぎ、一六一五年十一月、運河を完成させた。当初は『新堀』と呼ばれていたが、大坂落城後、大坂を支配した松平忠明が成安の功績を評価して『道頓堀《どうとんぼり》』と名付けられる。

大阪市の日本橋にある安井道頓紀功碑

【コメント】

成安のおかげで大阪の皆さんが道頓堀に飛び込めるのですね（って危険ですので飛び込むのはお控えください）。

彼は本にはよく町人と書いてあるのですが、土豪色が強い感じがします。また、松平忠明ですが、成安が豊臣軍に味方した人物にもかかわらず、その名前を付けるなんて心の大きな人です。大坂の人たちを懐柔するためだとは思いますが。以上、道頓堀の基礎を築いたことで、大阪の方に知られている安井成安さんでした。

豊臣軍の旗奉行

郡宗保（こおりむねやす）

評価：5

●生没年：一五四六〜一六一五年
●身分：豊臣家の家臣
●官位（通称、号）：主馬

名前は良列・良保とも言われている。伊丹《いたみ》親保の息子。摂津の武将で荒木村重の家臣だったが、村重が没落すると豊臣秀吉に仕え馬廻となり美濃可児《かに》郡などで三〇〇〇石を与えられた。関ヶ原の戦いで西軍について大津城を攻めている。戦後も秀頼に引き続き仕え、大坂の陣では旗奉行を務めた。

夏の陣での天王寺・岡山の決戦で奮戦するが敗北したため、大坂城に逃げる。そこで大野治長に会い「今はこれまでなら旗と幌を返上します。私は天王寺で討死するところを、預かった旗や幌を敵の雑兵《ぞうひょう》に渡すのは口惜しいと思って逃げてきた。その事情を知らない者から『七十余りの主馬助《しゅめのすけ》がいつまで命を惜しむのか』と笑われるのが恥ずかしい」と言うと、旗と幌を床に置いて、鎧を脱いだ。そして郎党を招いて「この短刀で介錯してくれ。そして思うところがあるからこの短刀を黒田長政殿に届けてくれ」と言い含めて、腹を十字に掻《か》き切り自害した。

郡宗保が治めていた可児の現在の風景

【コメント】

宗保の子孫は黒田家に仕えています。

以上、老人ながら奮戦した郡宗保さんでした。

恨みで家を捨てる
細川興秋（ほそかわおきあき）

評価：5

●生没年：一五八三～一六一五年
●身分：豊臣家の部将
●官位（通称、号）：與五郎

豊前小倉城主・細川忠興の次男。母は明智光秀の娘・玉。一五九九年に叔父の興元の養子となる。一六〇〇年の関ヶ原の戦いで初陣し、岐阜城攻めなどで活躍した。細川家が小倉へ移封されると、義父の興元は中津城主となったが、彼は大名ではなく兄・忠興の家臣となったことを不満に思い細川家を去ってしまう。そこで興秋が中津城主となった。

一六〇四年、江戸に人質に行っていた弟の忠利が一時的に豊前に戻る。それに代わって興秋が人質に出されることとなり、この時に徳川家の覚えめでたい忠利が正式に細川家の後継者と定められた。

嫡子となってもおかしくなかった興秋はこれに不満を抱き、一六〇五年、江戸に行く途中に京都で出家してしまう。これは忠興を怒らせたが、興秋の気持ちを考え、淀の商人に世話をさせている。

京都市右京区の妙心寺内にある細川興秋が自害した東林院

一六一四年に大坂の陣が起こると大坂に入城したため、忠興から勘当されてしまう。夏の陣での道明寺の戦い、天王寺・岡山の決戦で活躍したが、大坂城が落城したため逃亡し、家老松井家の菩提寺・妙心寺東林院に逃げ込む。しかし通報されて捕らえられ、一六一五年六月六日、忠興の命令により東林院で自害させられた。

【コメント】

興秋が大坂に入ったのは豊臣家から細川家への恩を返すためだという説もあるようですが、それはないでしょう。ただ単に廃嫡されたのを恨んでだと思います。以上、不幸な後半生を送った細川興秋さんでした。

浅井長政の息子？

浅井井頼（あざいいより）

評価：5

●生没年：一五七一年頃〜一六六一年
●身分：豊臣家の部将
●官位（通称、号）：周防守

名前は長房とも。北近江の雄・浅井長政の三男（次男とも）。賤ヶ岳の戦いで豊臣軍に属し、その後に豊臣秀長・秀保に仕えて六〇〇石を与えられた。一五九四年（一五九五年とも）に秀保が死亡すると、その後に大和に入ってきた増田長盛に三〇〇〇石で仕える。関ヶ原の戦いでは生駒親正に従って西軍についた。戦後は東軍に味方した親正の息子の一正に仕えていたが、一六一四年に大坂冬の陣が起こると大坂に入城する。冬の陣では二の丸の東などを守備、夏の陣では天王寺・岡山の決戦で天王寺口に陣をしいた。

大坂が落城すると、井頼は落ちのび京都に潜伏後、姉の常高院を頼って若狭小浜の京極家に行き保護される。一六三四年に京極家が出雲《いずも》松江に移封されると五〇〇石を与えられた。この頃に出家して作庵と号したという。その後、京極家の播磨竜野、讃岐丸亀移封にも従い、一六六一年五月十六日に死亡する。享年は九十歳くらいと言われている。

【コメント】

井頼は浅井長政の息子といわれていますが、真実は分かりません。ただ常高院に保護されているところを見ると、一族だったのは間違いないようです。ちなみに天王寺・岡山の決戦で討死したという説もあります。以上、浅井家の生き残り・浅井井頼さんでした。

春日井市にある浅井井頼の父といわれる浅井長政の像

関ヶ原に散った勇将の息子

大谷吉治（おおたによしはる）

評価：5

●生没年：?〜一六一五年
●身分：豊臣軍（真田幸村隊）の部隊長
●官位（通称、号）：大学助

名前は吉勝・吉胤《よしたね》とも言われている。敦賀《つるが》城主・大谷吉継の息子、ということになっているが、大坂の陣時に五十歳前後という説もあり、弟が養子に入ったとも言われている。

関ヶ原の戦いでは父と共に西軍につき奮戦するが、小早川秀秋軍が西軍を裏切り大谷軍に攻撃してきたため敗北する。そこで父・吉継は自害するが、吉治は逃亡を勧められ敦賀に落ちのびた。しかし追手が敦賀にも来たのか、その後は各地を流浪している。

一六一四年、大坂の陣が起こると大坂城に入城。冬の陣では一〇〇人程度の兵を任されたらしいが、守った陣地は不明。天王寺・岡山の決戦で天王寺口に陣をしいて、松平忠直軍との乱戦で討死する。

関ヶ原町にある大谷吉治の父・大谷吉継（吉隆）の墓

【コメント】

吉治は幸村と親族なので（幸村の妻は吉継の娘と言われています）、大坂の陣では彼と終始行動をともにしたと思われます。以上、父親の名に恥じない最期を遂げた大谷吉治さんでした。

流浪の果てに地元で果てる

淡輪重政（たんのわしげまさ）

評価：5

●生没年：？～一六一五年
●身分：豊臣軍の部将
●官位（通称、号）：六郎兵衛

淡輪《たんのわ》隆重《たかしげ》の次男。淡輪家は和泉淡輪の豪族で豊臣秀吉に仕えた。妹は豊臣秀次の側室となり、小督局《おごう》と呼ばれたが、秀次が謀反の罪で自害させられると小督も処刑され、淡輪家はそれに連座して所領を没収されてしまう。そのため重政も一時浪人となったが、のちに肥後の小西行長に仕えた。しかし小西家も関ヶ原の戦いで滅亡してしまい、またも浪人となってしまう。

大坂冬の陣が起こると大坂に入城し、夏の陣で地形に詳しいことから紀州攻めの先鋒を務めた。一六一五年四月二十九日、塙直之らと共に樫井の戦いで浅野長晟《ながあきら》軍相手に奮戦するが、永田新兵衛に首をあげられてしまう。

【コメント】

重政はなんと運の無い人なのでしょう……。何もしていないのに秀吉に改易されて、

泉佐野市にある淡輪重政の墓

やっと仕えた小西家は滅び、最後の望みをかけた大坂城では塙直之の暴走に引きずられて討死。哀れです……。以上、地元で戦死した淡輪重政さんでした。

息子を殺された恨みですべてを捨てる

南部信景（なんぶのぶかげ）

評価：5

●生没年：一五七五～一六一五年
●身分：豊臣軍の部将
●官位（通称、号）：十左衛門

名前は信連《のぶゆき》・愛信《ちかのぶ》とも伝わっている。南部家の一族で主家を支えた重臣・北信愛《きたのぶちか》の妹の次男。一五九〇年に信愛の後継ぎが死亡したため信景が彼の養子となった。一六〇〇年の関ヶ原の戦いで伊達政宗の策略により領内の和賀《わが》・稗貫《ひえぬき》地方で一揆が起こり、花巻城を攻撃された時、一揆勢を撃退させるという功を上げる。

信景は白根山に金脈を発見したことにより一六〇二年に奉行に任ぜられた。一六一二年、信景の十歳過ぎの息子・十蔵が主君南部利直に罪人を斬るように命じられたが返り討ちにあい死亡する。これに怒った信景は剃髪して部屋に籠って役職を放棄したため利直から謹慎を命じられた。そこで信景は南部家の大量の金を持ち出して大坂城に走る。一説には罪を犯して逃亡した南部左門を追いかけて、そのまま大坂城に入ったという。

大坂冬の陣が起こると豊臣軍の一員として一五〇〇の兵を与えられ、三の丸の北

南部信景が功を上げた花巻城の時鐘

方面を守備した。陣の最中、大坂城から放たれた矢の中に『南部十左衛門信景』の銘があるものが見つかり、利直は徳川秀忠から詰問され窮地に陥ったが「信景が出奔して勝手に南部姓を名乗っているだけで南部家には謀反の心はない」と弁明し一時的な謹慎で事なきを得ている。

大坂城が落ちると、信景は脱出して伊勢に逃げたが捕らえられ盛岡に送られて新山川原で処刑された。処刑は残虐なもので手足の指を一本ずつ切り落とされ最後には利直自らが弓でとどめを刺した。

【コメント】

信景は名将で、勇気があり弓・鉄砲の達人で智謀も優れていたと言われていま す。そんな彼を思慮の無さで失った利直は何を考えていたのでしょうか。十歳ちょっとの子に罪人を討たせようというのには無理があるような気がします。何か深い思惑があったのかもしれませんが。

信景は処刑の時に指を切り落とす役人が怖がるのを見てその臆病さを笑ったそうです。なんという人でしょうか……。以上、利直への恨みで大坂城に走った南部信景さんでした。

第三部
徳川軍

徳川四天王の息子

井伊直孝(いいなおたか)

評価：9

●生没年：一五九〇年〜一六五九年
●身分：近江彦根城主・井伊直継の名代
●官位(通称、号)：掃部頭

徳川四天王の一人・井伊直政の次男。一六〇三年に徳川秀忠に仕え、一六一〇年に上野安中一万石を与えられた。大坂の陣が起こると、病弱だった兄・直継の代わりに彦根藩兵四〇〇〇を率いて出撃した。冬の陣では八町目口を担当するが、真田幸村の罠にひっかかり、大坂城南を攻撃してしまい、豊臣軍に散々な目にあわされている(城南の戦い)。

一六一五年二月に家康の命により彦根藩一八万石のうち、一五万石を相続。残り三万石が直継に与えられ、彼は直孝の領地だった上野安中に転封させられた。夏の陣が起こると同年五月、河内口を進撃する。同月六日、河内若江にいた木村重成を激戦の末撃破し、彼の首を取っている(若江の戦い)。同月八日、豊臣軍が壊滅し豊臣秀頼らが大坂城の山里曲輪に逃げ込むと、そこを包囲。そこで秀忠の命を受け、一行を自害に追い込んだ。

井伊直孝の居城・彦根城

その功績で五万石を加増される。さらに一六一七年にも五万石を加増された。一六三三年にはまたも五万石を加増され三〇万石の大大名となった上、意見があればいつでも将軍に拝謁できる権限を与えられる。

彼はその戦歴から軍事に関する意見が特に重視されたという。一六四八年、清《しん》に滅ぼされた明《みん》の遺臣・鄭芝《ていし》龍《りゅう》らが再興の手助けをしてくれるよう幕府に要請してきた。これには、三代将軍の家光や紀州藩主・徳川頼宣《よりのぶ》、それに老中も賛成し、当時、大量に出ていた浪人たちを派遣する計画を立て始める。しかし直孝だけは「豊臣家の朝鮮出兵を再現するつもりか」と頑強に反対した。そのため計画が進まないまま、もたもたしていると、明残党軍の拠点・福州城が落とされてしまい、結局は中止となってしまう。それからも直孝は、幕府に必要不可欠な人物として、家光や四代将軍の家綱を補佐した。一六五九年六月二十八日に死亡する。

【コメント】

彼は無口で笑顔もほとんど見せない、威厳のある武将だったそうです。父の直政に厳しく育てられたのでしょうね。戦国時代のみに興味がある人には大坂の陣での活躍のほうがよく知られていますが、むしろそれからの活躍の方が一般的に有名みたいです。ちなみに彼の子孫が幕末に活躍した大老・井伊直弼《なおすけ》です。以上、文武両道の名将・井伊直孝さんでした。

京都を守った官僚

板倉勝重（いたくらかつしげ）

評価：9

●生没年：一五四五年～一六二四年
●身分：京都所司代
●官位（通称、号）：伊賀守

徳川家康の家臣・板倉好重の次男。幼い頃に出家して、やがて永安寺の住職となった。一五六一年に好重が亡くなると、板倉家は弟の定重が跡を継いだが、一五八一年に戦死してしまう。そのため家康の命令で還俗《げんぞく》し跡を継いだ。一五九〇年に徳川家が関東に移されると江戸町奉行・小田原地奉行・関東代官を歴任する。

一六〇〇年の関ヶ原の戦いで徳川家が全国を掌握し、京都も支配下に入れると、京都町奉行となった。一六〇一年九月からは京都所司代に就任する。京都所司代とはそれまで京都の支配だけだったが、徳川幕府のそれは、朝廷や公家《くげ》の監察、畿内の天領の訴訟処理、さらには豊臣家や西国大名の監視という非常に重要な職だった。勝重はその任を見事にこなし、一六〇九年にその活躍を認められ一万七〇〇〇石の大名となる。

大坂の陣でも活躍し、きっかけとなる方広寺の造営の工事監督を務め家康に綿密

愛知県西尾市の長円寺にある板倉勝重の廟所

な報告をし、方広寺鐘銘事件では金地院《こんちいん》崇伝《すうでん》らと共に裏でことを進めた。

陣が始まってからも豊臣軍の動向を素早く家康に伝え、京都の治安を守るなどの活躍をしている。また自分の家臣や小《お》幡景憲《ばたかげのり》をスパイとして送り込み、捕らえた豊臣軍の忍者を二重スパイにしたて城内の様子を報告させた。そして豊臣家贔屓《びいき》だった朝廷の動きを封じこめ、政治の世界からも徳川軍を援護する。それから勝重は一六二〇年まで所司代を務めた後、京都堀川に隠居した。勝重の跡は長男の重宗が継ぐ。一六二四年四月二十九日に死亡した。

【コメント】

戦などはしていないので地味ですが、

大坂の陣を語る上では欠かせない人物の一人だと思います。勝重がいなければ京都は大坂の陣のとばっちりを受けていたのかもしれません。

無欲公正な人で『徳川実紀』には「勝重の裁判を受けた者は、訴えに負けても、自分の罪を悔いた」と書かれています。以上、難しい時期の京都所司代の役目を見事にこなした板倉勝重さんでした。

スパイ大作戦

小幡景憲（おばたかげのり）

評価：9

●生没年：一五七二～一六六三年
●身分：浪人？
●官位（通称、号）：勘兵衛

武田信玄の家臣・小幡昌盛の三男。一五八二年に武田家が滅亡したため徳川秀忠の小姓となる。しかし一五九五年に出奔し諸国を廻って兵法を学んだ。関ヶ原の戦いでは井伊直政軍に属して戦う。大坂冬の陣では前田利常の家臣・富田重政に属して城南の戦いに参加した。その際、皆が堀の底に隠れて進めない中、景憲一人が三〇～四〇メートル程先に進むという奮戦をする。

だが冬の陣後、咎《とが》められて再び浪人となり山城の狼谷に隠遁《いんとん》していた。そこで大野治房が家臣を通じて招く。しかし景憲は徳川家に戻りたいと考えていたので、松平定勝と板倉勝重の指示を仰ぎスパイとなり、豊臣軍に味方するふりをして大坂城に入った。一六一五年三月十三日、大野治房が家臣たちと軍議を行なった際、景憲は新宮行朝の京都出兵に対して反対し、これをやめさせている。

同月十七日、妙心寺の長老から『景憲はスパイだ』との手紙が治房に届いた。そ

小幡景憲が逃げ込んだ伏見城

こで景憲は治房の家臣たちに詰問《きつもん》されたが「そんな人たちのことを信用するのか。そんなことではとても徳川軍には勝てない」と笑い飛ばした。それを聞いた治房は「疑って悪かった。だがこれ以上疑われないように母を佐和山から呼んで、景憲は私の邸内に住んだ方がいい」と提案し、景憲はこれに従うふりをする。治房が新居を造り始めると景憲は「家が完成するまで堺にいたい」と言い、十九日に監視付で堺に行き二十五日には大坂に戻った。ところが二十六日に必ず戻ると言ってまた堺に行き、そのまま伏見に逃げ込む。

大坂が落城するとその功で徳川家に御使番に任ぜられ一五〇〇石を与えられた。その後、甲州軍学書『甲陽軍鑑《こうようぐんかん》』を集大成し、弟子は二〇〇〇人を数えた。一六六三年二月二十五日に死亡する。

【コメント】

景憲は司馬遼太郎の小説『城塞』の主役で大望を持った男として描かれていますが、調べるとどう見てもそんな風には思えないです。

彼にはこんな話があります。城南の戦いの最中に、そこから煙が上がりました。これを見た富田重政は、真田幸村と同じ武田の旧臣である景憲に、煙のことを尋ねます。すると景憲は「あれは狼煙《のろし》です。幸村が危険を感じて城内に応援を頼んだのでしょう」と答えました。しかしそれは間違いでそれを好機と攻めた前田軍は大損害を出したそうです。新宮行朝を言い負かしていることといい、甲州流兵学を完成させたことといい、口は上手いが、実戦は……と言ったところだったのでしょうか。以上、スパイで有名な小幡景憲さんでした。

忠臣か裏切り者か

片桐且元（かたぎりかつもと）

評価：9

●生没年：一五五六年〜一六一五年
●身分：大和竜田三万八〇〇〇石
●官位（通称、号）：東市正

幼名・助作。浅井長政の家臣、片桐直政の子。直政が姉川の戦い後、織田側に寝返り、豊臣秀吉に仕えたため、且元も彼の小姓となる。賤ヶ岳の戦いで活躍し『賤ヶ岳七本槍』として名を馳せ、その後も豊臣家の主要な戦いに参加した。一六〇〇年の関ヶ原の戦いでは、徳川家につき大和竜田三万八〇〇〇石に加増され、豊臣家の家老に任ぜられる。

しかし『方広寺鐘銘事件』で大坂城を追い出されてしまい、行き場のなくなった且元は徳川家に従った。冬の陣の前哨戦で堺が豊臣軍に攻撃された際に救援に向かうが、撃退されている。一六一四年十一月、戦線が膠着状態になると、家康に秀頼・淀殿の居場所を教え、そこを砲撃させて和議のきっかけを作った。また夏の陣では大坂落城の際に秀頼一行が山里曲輪の糒蔵《ほしいくら》に籠っていることを家康に教えている。それらの功で、戦後加増され四万石を領すが、大坂落城から二十日しか経っていない一六一五年五月二十八日に病死した。

茨木小学校の中にある片桐且元の忠節を称える碑

【コメント】

且元と聞いて一番に思い浮かぶのは、「彼が忠臣かどうか？」という議論です。これは彼が豊臣家の家臣として見るからおかしくなるので、徳川家から領土をもらって豊臣家の家老をやっていた、と考えると行動に納得がいく気がします。且元が豊臣家の行く末を案じていたのは間違いないでしょうが、それと共に保身にも動いていたのでしょうね。家を残すことこそ、武士として一番大切なことですから。

亡くなったのは自責の念で切腹したという話もありますが、大坂の陣前からかなり病気で苦しんでいますので、多分、周りが勝手に噂しただけの話でしょう。以上、大坂の陣で一番気苦労の多かった片桐且元さんでした。

千姫を救出する

坂崎直盛（さかざきなおもり）

評価：9

●生没年：一五六五年頃〜一六一六年
●身分：石見津和野三万石の大名
●官位（通称、号）：出羽守

坂崎出羽守の通り名で知られている。父は宇喜多忠家。叔父は備前の大名・宇喜多直家。忠家が引退すると直家の息子・秀家の後見人となった。しかし内紛で直盛は宇喜多家を去り増田長盛の預かりとなる。

関ヶ原の戦いでは家康に従い、その功で石見《いわみ》津和野三万石を与えられた。この際、家康に「宇喜多は不吉な名字なので改めろ」と言われたため、宇喜多から坂崎に改名している。

一六一四年に大坂の陣が起こると徳川軍の一員として参加。冬の陣では出番のなかった直盛だが、夏の陣では誰もが知っているほどの活躍をした。それは千姫を助け出したことである。燃え盛る大坂城の中で千姫を求めて探し回り、ついには火傷《やけど》を負いながらも救出に成功する……、というのが一般に知られているが、以下の説が有力である。

大坂落城の際、豊臣秀頼一行は、千姫に最後の望みを託して、秀頼と淀殿の助命嘆願を頼み城外へと出した。千姫は堀内氏久ら護衛と共に家康の元に向かったが、攻め手の方へ進むので、なかなか先に行けない。そこで氏久の知り合いだった直盛の陣に行き事情を説明して、そして直盛が無事に秀忠の陣に届けた、というものだ。その功で一万石を加増される。

このあとのこともまた有名である。「千姫を救出した者は彼女を妻にやる」と、家康が公言していたにもかかわらず、千姫が直盛を嫌がり、彼女が一目ぼれした桑名城主・本多忠刻《ただとき》と再婚しようとした。そのため直盛が彼女を強奪しようとしたが失敗し殺されてしまう……。これにも別の説がある。

公家衆にも顔が利いた直盛は秀忠に千姫の縁談を依頼され、話を整えたが、彼女がそれを嫌がり、本多忠刻と再婚しようとした。それを聞いた秀忠は直盛に破談にするように頼んだが、それでは彼の面目が立たない。

そこで直盛は「それなら千姫を奪って都に連れてこよう」と言い、人を集め始めた。困った秀忠はなだめようと使いを出したが、一向に納得してくれない。そのため幕府の重臣が裏で直盛の家臣に手を回し、「直盛を自害させたら、親族の者を立てて坂崎家を存続させてもいい」と伝えた。それを聞いた家臣たちは御家のためと、直盛を殺し自害に見せかける。一六一六年九月十一日のことであった。しかし

坂崎直盛をふった千姫と本多忠刻が出会った七里の渡し

この計略は幕府にばれ、坂崎家は改易されてしまう。

【コメント】

直盛はもめ事ばかりの人生を送っています。宇喜多家の内紛に関わって秀家らと対立し、一六〇五年には姉婿の富田信高を訴え、最後は千姫のことで殺されています。そういう星の下に生まれたのか、性格がそうさせたのか……。

しかし千姫に関することは間違ったことが世間に浸透していますね。炎の中を救出に向かい、ふられてやけになって強奪を試みる……。直盛の性格的にはありそうな話だけに当時の人も信じてしまったのでしょう。ちなみに直盛の最期は、柳生宗矩《やぎゅうむねのり》に説得されて自害したという説もあります。以上、トラブルメーカーの坂崎直盛さんでした。

同士討ちも伊達流

伊達政宗（だてまさむね）

評価：9

●生没年：一五六七〜一六三六年
●身分：陸奥仙台六二万石の大名
●官位（通称、号）：陸奥守

出羽米沢城主・伊達輝宗の長男。母は出羽山形城主・最上《もがみ》義光の妹。五歳の時に疱瘡《ほうそう》にかかり、右目を失明してしまう。一五八四年に家督を相続する。その後、人取橋の戦い、摺上原《すりあげはら》の戦いで佐竹義重、芦名《あしな》義広を撃破し、芦名領などを手に入れ東北の大大名となった。

しかし一五九〇年、豊臣秀吉が小田原攻めに来ると、迷った政宗だったが秀吉に降伏する。そのため旧芦名領は取り上げられてしまった。同年十月に領地を没収された大崎・葛西の旧臣たちが、農民たちと一緒になって大規模な一揆を起こす。これを煽動しているのが政宗だという疑いがかかり、領土の一部を没収され、揉めている最中の大崎・葛西の旧領地を新たに与えられることになった。

一五九八年に秀吉が死ぬと徳川家康に接近し、政宗の娘・五六八姫《いろは》と家康の六男・松平忠輝《まつだいらただてる》を婚約させる。一六〇〇年の関ヶ原の戦いでは、徳川家につき最上

仙台城にある伊達政宗像

領から撤退する上杉景勝軍を追撃するなど貢献したが、同じ東軍の南部領で一揆を煽動していたことがばれてしまい、二万石しか加増されなかった。

一六一四年に大坂の陣が起こると、豊臣家から味方になるように誘いがあったが、使者を捕らえ江戸に送って徳川家に対して二心がないことを証明している。一六一五年の夏の陣では道明寺の戦いで、後藤基次と戦い彼を討ち取った。その後、援軍に来た真田幸村と激戦を繰り広げるが勝敗はつかなかった。

五月七日の天王寺・岡山の決戦で、味方の神保《じんぼ》相茂《ともしげ》を同士討ちにしたが、うまく弁明したため罪には問われていない。陣後の政宗は茶・料理・和歌などで日々を無駄なく過ごし、一六三六年五月二十四日に死亡した。

【コメント】

政宗には大坂冬の陣後にこんな逸話があります。あるところで香合わせが行なわれていて、政宗もそれに誘われました。みんなが景品を出し合い、矢や鎧などが提供されましたが、政宗だけが身につけていたひょうたんを差し出します。誰もが「変な景品だなあ」と思っていたので取る者がなく主催者の家来がそれを取りました。やがて香合わせが終わって政宗が帰る時に、乗ってきた馬に馬具をつけたまま「ひょうたんから駒が出るというだろう」としゃれを言ってひょうたんを取った者に与えたそうです。

また剛毅なところもあり、真田幸村の娘や息子、長宗我部盛親の妻や甥など戦犯の一族を戦後すぐに匿《かくま》っています。なかなか真似ができない行動ですよね。こういう、茶目っ気があったり、男気があったりするところが魅力の一つなのでしょうね。以上、持ち前の器量で戦国時代を渡りきった人気者・伊達政宗さんでした。

築城と世渡りが上手な名将

藤堂高虎（とうどうたかとら）

評価：9

●生没年：一五五六〜一六三〇年
●身分：伊勢津二二万石の大名
●官位（通称、号）：和泉守

近江犬上郡藤堂の土豪・藤堂虎高の次男。最初、浅井長政に仕えていたが、一五七三年にそこを離れ、阿閉貞征《あつじさだゆき》、磯野員昌《かずまさ》、信長の甥・津田信澄と主君を変えた後、一五七六年に、豊臣秀長の家臣となる。そして数々の戦いで戦功を上げ、一五八七年の九州攻めの後、紀伊国内で二万石を与えられた。一五九一年に秀長が没すると、その養子・秀保の後見人となる。その後、朝鮮出兵などで功があり、伊予宇和島八万石を与えられた。

一五九八年に秀吉が亡くなると徳川家康に接近。関ヶ原の戦いでは大谷吉継らと戦い勝利に貢献した。その功で伊予今治《いまばり》二〇万石を与えられる。それ以後、高虎は家康を生涯の主君として徹底的に尽くした。江戸城の普請などで力を発揮し、一六〇八年には豊臣家への抑えとして伊勢津《いせつ》二二万石に移封される。津に移封された高虎は伊賀上野《いがうえの》と津城の改修を行ない大坂城の豊臣家に備えた。

津市の寒松院にある藤堂高虎の墓

大坂冬の陣が始まると高虎は徳川軍の一軍として大坂城へと出陣した。この大坂の陣では、高虎は受難続きだった。冬の陣の最中、徳川軍の陣中に迷いこんだ豊臣軍の兵が捕らえられるということが起きる。その兵が豊臣秀頼から高虎宛てになっている手紙を持っており、内容は『家康と秀忠を大坂に呼び寄せたことを嬉しく思う』というものだった。これはもちろん豊臣家の策略で、これを見抜いた家康が「浅はかな策略だ」と信じず何事もなく終わっている。

だがその他にも冬の陣では城南の戦いに巻き込まれ真田幸村らに散々にやられ、夏の陣では河内の八尾で長宗我部盛親に大損害を与えられるという目にあった。しかしその苦労が実を結び大坂城が落ちた後、三二万石に加増された。一六三〇年十月五日に死亡する。

【コメント】

おべっかつかいのイメージがある高虎さんですが、う〜ん、そうでしょうか？　これと決めた主君に尽くすのは当たり前のことだと思いますけど。それとコロコロ主君を変えるから裏切りをよくするみたいに思われていますが、私はただ単にいい主君に出会えなかっただけのような気がします。事実、秀長・秀吉・家康には忠誠を尽くしていますし。

しかし大坂の陣では大変でしたね。徳川軍にとって冬の陣最大の負け戦、城南の戦いに巻き込まれるわ、夏の陣では八尾の戦いで盛親にこてんこてんにやられるわで。藤堂家にとって大坂城は鬼門だったのでしょう。

経歴を見る限り戦上手な人だったと思うのですけど運が（もしくは相手が）悪かっただけだと思います。以上、数々の築城を担当した藤堂高虎さんでした。

偉大な嫌われ者

徳川家康（とくがわいえやす）

評価：9

●生没年：一五四二～一六一六年
●身分：大御所
●官位（通称、号）：前征夷大将軍

三河《みかわ》岡崎城主・松平広忠の長男。家康の生まれた頃の松平家は弱体化しており駿《する》河《が》の今川家の属国となっていた。そのため家康は六歳から今川家や織田家の人質となる。

一五六〇年、上洛しようとした今川義元が桶狭間《おけはざま》の戦いで織田信長に首を取られ、今川軍が撤退すると、岡崎城にいた今川家の家臣も逃げ帰り城が空き城になったため、家康は岡崎城の城主に返り咲いた。そして信長と同盟を結ぶと領土を拡大し三河・遠江・駿河を手に入れる。信長との同盟は彼が亡くなるまで守られ、姉川の戦い、長篠の戦い、天目山《てんもくざん》の戦いなどで織田軍と共に戦った。

一五八二年、本能寺の変が起こると、真空地帯になった信濃・甲斐《かい》を手に入れる。一五八四年に小牧・長久手の戦いで豊臣秀吉とぶつかり、局地戦では勝つが、外交で敗北し結局は秀吉に臣従する。その後、一五九〇年の小田原攻めで北条家が滅ぶと、空いた関東に移封させられる。一五九八年に豊臣秀吉が亡くなると、政権の奪取に動き出した。一六〇〇年にそれを阻止するため石田三成らが兵を起こすが、関ヶ原の戦いで家康が勝利を収め邪魔者を排除する。全国一の大名となった家康は一六〇三年、征夷大将軍に任命され江戸幕府を開いた。

その後、さまざまな策謀で豊臣家を追いつめると、一六一四年に大坂冬の陣を起こす。高齢であるにもかかわらず、戦そのものにも現将軍の秀忠が頼りないため、参加した。常々、大坂城を力業《ちからわざ》では落とせないと考えていた家康は、冬の陣で和議に持ち込み、堀を埋めさせ裸城にした後、翌年の夏の陣では得意な野戦に持ち込んで再度攻めている。

岡崎城に建つ徳川家康の像

しかし『窮鼠《きゅうそ》かえって猫を噛《か》む』の状態だった豊臣軍の予想以上の抵抗にあい、大坂城南で行なわれた天王寺・岡山の決戦では真田幸村らに討たれる直前まで追いつめられた。だが、なんとか勝利して豊臣家を滅ぼし天下を統一する。その後、『武家諸法度《ぶけしょはっと》』『禁中《きんちゅう》並《ならびに》公家《くげ》諸法度』を制定し武家と公家の権限を厳しく制限するなど、徳川政権を安定させた後、一六一六年四月十七日に死亡した。死後、東照大権現の神号を与えられる。

【コメント】

大坂の陣での大ボス、悪の親玉って感じのする家康さんですが、本当にそうでしょうか？　別に今までの信用を使って、人を騙すことは戦国時代では悪いことじゃないですし、簡単なことですぐ騙される豊臣家に問題があると思います。今まで貯めていた信用を秀吉死後の二十年間で使い果たしたって感じですね。

それに大坂の陣は徳川家が勝って正解だったと思います。だって徳川家以外のどこが日本をまとめることができるというのでしょうか？　豊臣家が政権を奪還したとしても、何もできないでしょうし。以上、誰でも知っている狸親父（ファンの方、失礼！）、徳川家康さんでした。

酒封じの神様になる

本多忠朝（ほんだただとも）

評価：9

●生没年：一五八二〜一六一五年
●身分：上総大多喜五万石の大名
●官位（通称、号）：出雲守

徳川四天王の一人である本多忠勝の次男。忠勝は日本中に名を知られた程の猛将であった。忠朝の初陣は関ヶ原の戦いで、父親の名に恥じぬ活躍をする。一六〇一年には忠勝が上総大多喜から伊勢桑名一〇万石に移封されるにともなって、その跡を継いで大多喜城主となった。

一六一四年に大坂冬の陣が起きると忠朝も出陣する。東方の森村口を担当することになった忠朝だったが、そこは非常に攻めづらい場所だった。そのため、南側の主戦場に攻め口を変えてくれるように徳川家康に願い出るが、家康がいらだっていたのか「忠勝に似ず役立たずだ」と叱責されてしまう。結局、和議が成立し忠朝には活躍の場がないまま終わってしまった。

しかし翌年すぐに夏の陣が始まる。忠朝も出陣し大坂城南に陣を構えた。ここで忠朝は望み通り主戦場の天王寺口の先鋒を命じられる。冬の陣での家康の言葉が深

大阪市天王寺区の一心寺にある本多忠朝の墓

く胸に刺さっていた忠朝は死を覚悟してこの戦に臨むことを決めていた。決戦前夜の一六一五年五月六日の夜、忠朝は小笠原秀政の陣を訪れている。彼も若江での戦いの不手際を徳川秀忠から叱責されていたので、この戦で名誉挽回を狙っていたのだ。二人は翌日の奮闘を誓い合う。

翌日、天王寺・岡山の決戦が始まると、忠朝は真っ先に敵に攻撃をしかけ開戦のきっかけを作った。これに対して豊臣軍の毛利勝永は、最初はあまり応戦しなかったが十分引きつけたと見るや一斉に反撃を開始する。忠朝は忠勝から譲り受けた蜻蛉斬《とんぼきり》の槍をふるって奮戦したものの兵力に差があり、胸に銃弾を受けたあと、首を取られてしまった。

【コメント】

父親の名に恥じぬ戦いぶりです。家康が罵倒したのも、実は士気があがらない東軍の士気をあげさせるのに、わざと忠朝を奮戦させようとしたためだったとか。

ちなみに忠朝は酒封じの神として知られています。その理由は、生前の忠朝は酒癖が悪くいつも飲んだあとに暴れたことを後悔していました。そのため、死の間際に「自分の墓に参る者を酒嫌いにさせてやろう」と言ったからだといわれています。ですので大阪市天王寺区の一心寺にある彼の墓に行くと、よく一生懸命祈っておられる方がいます。以上、忠勝の子の名に恥じぬ活躍をした本多忠朝さんでした。

家康の知恵袋

本多正信（ほんだまさのぶ）

評価：9

- 生没年：一五三八～一六一六年
- 身分：相模玉縄二万二〇〇〇石の大名
- 官位（通称、号）：佐渡守

本多俊正の子。幼少より徳川家康に仕えたが、鷹匠《たかしょう》という身分の低いものだった。一五六三年の三河一向一揆に参加して徳川家と争う。一五六四年に一揆が鎮圧されたが、正信は徳川家に戻らず、大和の戦国大名・松永久秀に仕えた。しかしそこも去り、加賀に行き一向一揆の部将となっている。

一五六九年に大久保忠世《ただよ》の取り成しで帰参（一五六五年頃や一五八二年頃という説もある）。一五八二年六月に本能寺の変が起こり、徳川家がどさくさに紛れて信濃・甲斐を奪い取ると、甲斐奉行に任ぜられた。一五九〇年に徳川家が関東に転封となると、青山忠成らと共に、関東総奉行に任ぜられる。

一六〇〇年の関ヶ原の戦い後、家康は正信らに諸大名の功績などを調査させた。徳川家はこの結果を元に大規模な大名の入れ替えを行なっている。

一六〇三年に徳川家康の征夷大将軍就任祝いの席で豊臣家の排除を訴えるが、家

三河一向一揆で家康が追いつめられて逃げこんだ岡崎市にある鳩ヶ窟

康に拒否されている。その後に度々そのことを進言するが、ついには豊臣家擁護派だった家康の次男・結城秀康に「首を斬る」とまで言われるほどの怒りを買った。だが秀康が亡くなるとその意見が採り入れられ、家康は豊臣家を弱体化させる政策をとるようになっている。

一六〇五年に徳川秀忠が将軍となり、家康が駿府で大御所政治をとるようになると、江戸で秀忠の側近となった。家康の決定を将軍に実行させる役割を担うためである。

一六一四年に大坂冬の陣が始まると従軍し、息子の正純らを裏で指示して豊臣家を滅亡に追い込んだ。実際の戦闘でも活躍し、夏の陣の天王寺・岡山の決戦で、崩れかかる徳川軍に苛立《いら》って自ら戦おうとした秀忠を制止したあと、全軍を鼓舞している。一六一六年六月七日、家康のあとを追うようにして亡くなった。

【コメント】

陰謀家で陰湿な印象の多い正信ですが、実際の性格は清潔で、妬《ねた》まれるからと高禄を受け取らず、賄賂《わいろ》も受けなかったとか。正義感があり自分にも他人にも厳しかったから人から良く思われなかったのでしょうね。

石田三成と役割も性格も非常によく似ていますね。特に武功派からは嫌われていたようで、榊原康政からは『腸《はらわた》の腐れ者』、本多忠勝からは同族でありながら『佐渡の腰抜け』と呼ばれています。これは関ヶ原の戦い後、時代が武功派を必要としなくなり中央から遠ざけられた恨みを一身に受けていたためと言われています。以上、息子の正純との連携で初期徳川幕府を支えた本多正信さんでした。

本多正純（ほんだまさずみ）

奢れる者は久しからず

評価：9

●生没年：一五六五～一六三七年
●身分：下野小山三万三〇〇〇石の大名
●官位（通称、号）：上野介

本多正信の嫡男。徳川家康の側近として仕え、一六〇一年に下野小山三万三〇〇〇石の大名となる。一六〇五年に秀忠が将軍職を継ぎ、家康が大御所政治を取り始めると、その最高指導者となった。

大坂の陣では『方広寺鐘銘事件』の件で、豊臣家の使者として片桐且元が駿府に来た際にも、彼に「豊臣家が大坂を去られなければ、戦しかない」とほのめかしている。一六一四年十二月の徳川家と豊臣家の和議にも交渉役として活躍した。この際、正純は豊臣側の交渉役・常高院（京極高次室、淀殿の妹）に対して「大御所は海外にまで名を知られた人である。それが戦って何の戦果もなしでは名声に傷がつきます。ついては今回の出陣記念として外堀だけを埋めることにしたい」と提案している。これは正純の仕掛けた罠だったが、そうとも知らない豊臣家上層部はそれを了解し、その条件で和議が成立した。

東京都港区の一乗寺にある本多正純の墓

十二月末から徳川軍は埋め立てを開始。ところが彼らは総構えどころか内堀などまで埋め立て始める。これに慌てた豊臣家は抗議をするが、徳川家の人間はまったく取り合わなかった。そのため結局、大坂城は丸裸になり、夏の陣を迎え、豊臣軍は不利な野戦をするほかなく敗北してしまう。

一六一六年に家康が亡くなったため、正純は駿府から江戸に行き、秀忠政権の一人となった。一六一九年、常陸《ひたち》宇都宮一五万石の大名として移封される。一六二二年四月、秀忠が日光東照宮参拝を終えたあと、泊まる予定だった宇都宮に寄らず、急に帰り道を変更して江戸に戻った。これは家康の娘・亀姫が「秀忠が宿泊予定の建物に釣り天井の仕掛けがあり、正純が暗殺を計画している」と訴え出たためだった。同年十月、それが理由で出羽横手に配流され、一六三七年三月十日そこで死亡している。

【コメント】

家康からは抜群の信頼を得ていたようです。大坂の陣でも大活躍しており、鐘銘事件の時も且元をあしらい、陣所でもいろいろ企みをしています。

父親の正信は「妬まれるから三万石以上を受け取るな」と、正純に言っていたそうですが、奢っていた彼はついつい宇都宮を受け取り、配流されています。それでなくても秀忠やその側近たちには、正純らが家康と相談して一方的に命令などを伝えてきていたので、かなり嫌われていたみたいです。だからあんなに強引なことをされたのですね。

以上、引き際をわきまえないで、哀しい晩年を過ごした本多正純さんでした。

冷遇された孫

松平忠直（まつだいらただなお）

評価：9

●生没年：一五九五～一六五〇年
●身分：越前福井六七万石の大名
●官位（通称、号）：三河守

徳川家康の次男・結城（松平）秀康の長男。一六〇七年に秀康が亡くなると忠直が越前松平家を継ぐ。幕府はこの松平家を将軍の兄の家ということで『制外の御家』と呼び特別に扱った。

大坂冬の陣が始まると一万の兵を率いて出陣。大坂城の八町目口を攻める役目を負う。しかし真田幸村に乗せられ、大坂城を攻めて散々な目にあわされている（城南の戦い）。一六一五年五月六日、河内の若江・八尾での戦いで、井伊直孝と藤堂高虎が豊臣軍に苦戦しているのに軍令を守って兵を出さなかったため、徳川家康の激しい怒りを買ってしまった。そのため、当日の夜に翌日の大坂城攻めの先鋒を家康に願い出たところ、「今日の戦いでは昼寝でもしていたのか。先鋒はすでに決まっている」と言われてしまう。

これを恥じた忠直は抜け駆けしてでも戦功を立てようと誓い、暗闇の中を最前線

松平忠直の居城・福井城

まで軍を移動させ朝を待った。五月七日の天王寺・岡山の決戦では、正面の真田隊と対陣。一度は幸村に陣を突破されたものの、態勢を立て直すと幸村以下三七五〇人の首を挙げるという大戦果を上げる。

この活躍は家康に激賞され、名器・初花肩衝《かたつき》を与えられる。これに気を良くした忠直は領地加増を期待したが、それに反して一石も加増されなかった。

一六二二年に忠直の数々の乱行を重臣たちが幕府に訴え出たため、一六二三年に忠直は改易されて豊後《ぶんご》に流され、越前松平家は弟の忠昌が継いだ。剃髪して一伯と号した忠直は、一六五〇年九月十日に亡くなるまで静かに余生を送っている。

【コメント】

忠直には天王寺・岡山の決戦直前にこんな話があります。忠直は徳川家康の前に出て「もうすぐ戦闘が始まりそうです」と報告したあと、湯漬を二膳食べました。そして箸を膳に投げつけ「これで腹は満たされたので飢餓《きが》道（仏教の教えではここに落ちたものは常に飢餓に苦しむと言われている。当時はお腹を空かしたまま戦死するとそこに行くと信じられていた）に落ちることはあるまい。閻魔《えんま》大王の庁に行くぞ！」と鎧を着て馬に乗って戦い、その日一番の活躍をしたそうです。

ちなみに乱行の件ですが、一般には、大坂の陣での褒美に関して不満がたまっていたところに家康の九男と一〇男が忠直の官位を越えて中納言になったためと言われています。しかし、これは事実ではなく、幕府がでっちあげて配流されたとの説が有力です。

以上、警戒されて不幸な人生を送った松平忠直さんでした。

寡黙な二代目

上杉景勝（うえすぎかげかつ）

評価：8

●生没年：一五五五〜一六二三年
●身分：出羽米沢三〇万石の大名
●官位（通称、号）：中納言

上田長尾家の当主・長尾政景の息子。母は上杉謙信《けんしん》の姉。政景が亡くなると謙信の養子となる。一五七八年に謙信が死ぬと景勝ともう一人の養子・景虎との間に跡目争い、いわゆる御館《おたて》の乱が起こった。景勝はこれに勝利するが、内乱で領土がほぼ越後一国になってしまった上、織田信長軍に次々と城を落とされ、滅亡寸前にまで追いやられる。

しかし本能寺の変が起こり、信長が亡くなったため滅亡を免《まぬか》れた。やがて景勝は中央を掌握しつつあった豊臣秀吉に従い、彼の家臣となる。一五九七年には豊臣家の最高幹部である五大老に任ぜられ、さらに一五九八年には東北・関東の押さえとして会津一二〇万石に移封された。

一五九九年に帰国した景勝が、軍事力を増強し始めると「謀反の動きがある」との疑いを受ける。そこで五大老たちは会津の景勝に弁解のために上洛するように伝

高野山にある上杉景勝の霊屋

えるが、彼はこれを拒否。そのため徳川家康は一六〇〇年六月に征討軍を起こし大坂城を出発した。だが途中で石田三成らが上方で挙兵したのを知り、家康は押さえの兵を残して上方へと向かう。

　そこで景勝は東軍についた出羽山形の最上義光を攻撃目標とし、次々と最上領の城を落とし、山形城の支城・長谷堂《はせどう》城に迫った。しかし長谷堂城の抵抗は激しく、攻めあぐねているうちに、関ヶ原の戦いでの西軍主力敗北の報が届く。そこで上杉軍は撤退し、追撃する最上・伊達連合軍を振り切って自領へ戻った。

　その後、家康に謝罪しなんとか改易だけは免れるが、一六〇一年八月に米沢三〇万石に減封されてしまう。これにより経済的に苦しくなった上杉家であったが、産業開発や治水事業などでなんとか苦難を乗り切った。

一六一四年の大坂冬の陣では徳川軍として参加する。今福・鳴野の戦いでは佐竹義宣と共に豊臣軍と激戦を繰り広げた。この戦いの後、家康から疲れているだろうから他の大名と陣を交代するようにと言われるが「一度取った陣を他人に譲ることなどできない」と拒否している。夏の陣では京都の治安に備えており、大坂城攻めには参加しなかった。一六二三年三月二十日に死亡する。

【コメント】

景勝は、常に眉間にしわを寄せて、笑顔を人に見せず、非常に無口だったということが知られています。そのため、家臣から非常に恐れられており、大坂冬の陣の際にも次のような話があります。

彼の近習の一部が黙って合戦の見物に出かけ、竹束《たけたば》に隠れて見ていたのですが、そこに景勝がやってきました。これに気づいた近習たちは竹束の外に出て草むらに行き、景勝に見つからないようにします。その光景を見た豊臣軍は発砲してきましたが幸い鉄砲は当たらず、景勝が去ったのでなんとか無事に内側に戻ったそうです。銃弾より怖いとはよほど恐れられていたのですね。以上、寡黙な二代目・上杉景勝さんでした。

典型的な三河武士

大久保忠教（おおくぼただたか）

評価：8

●生没年：一五六〇年～一六三九年
●身分：三河額田郡一〇〇〇石の領主
●官位（通称、号）：彦左衛門

大久保忠員《ただかず》の八男。大久保彦左衛門の通称で知られる。大久保家は徳川家譜代の名門で代々主家のために尽くしてきた。忠教もその家の人間にふさわしい活躍をし、数々の戦功を上げる。一五九〇年に徳川家が関東に移封されると忠教は二〇〇〇石を与えられた。

一六一二年に兄・忠佐《ただすけ》に子供がいなかったため沼津二万石を相続してくれとの話が舞い込んできたが、忠教は「二万石分の働きをしていないのに受け取る訳にはいかない」と辞退している。そのため忠佐が一六一三年に死亡すると彼の家は改易になってしまった。一六一四年、主君で甥の大久保忠隣《ただちか》が謀反の疑いと無断婚姻の咎で改易されると、忠教も一度は領土を召し上げられたが改めて三河国額田《ぬかた》郡坂崎に一〇〇〇石を与えられた。

一六一四年に大坂の陣が起こると、忠教は槍奉行として従軍する。陣後、天王寺・岡山の決戦で、徳川軍が真田幸村によって本陣を蹂躙《じゅうりん》された際に家康の旗が倒れたかどうかの詮議が二条城で行なわれた。その際、他の者全員が「旗が立っていたのを見ていない」と言う中で、忠教はただ一人「立っていた」と言い張っている（事実は混乱の中で倒れてしまっていた。そのため旗奉行は罰を受けている）。

岡崎市の長福寺にある大久保忠教の墓

家康は「嘘を言うな」と激怒したが、それでも忠教は意見を変えなかった。歳で汚名返上の機会がない家康のためにあえて嘘を言ったのだ。家康もそのことが分かったのか何のお咎《とが》めもなかった。

一六二〇年代、子孫に武功と教訓を伝えるため筆を取った。有名な『三河物語』である。一六三九年二月一日に死亡した。

【コメント】

忠教は大坂の陣での武士の振舞

いを『三河物語』の中で『徳川軍の兵士たちは自分たちの戦功を認めてもらうために僧侶や医者に証人になってもらうように頼んだ者がいる。また、退却する敵の首を取って手柄にしている者が多い。昔はそのようなことはなかったのに世も末なのだろうか』と嘲笑しています。

私個人としては関ヶ原から十四年も戦いがなかったのですから、そういう流れになるのは仕方がない気もしますが、忠教のような戦国時代のまっただ中を生きた人間から見ると納得できないものだったのでしょうね。以上、天下のご意見番・大久保忠教さんでした。

命を捨てて家を守る

小笠原秀政（おがさわらひでまさ）

評価：8

●生没年：一五六九〜一六一五年
●身分：信濃松本八万石
●官位（通称、号）：兵部大輔

小笠原貞慶の息子。小笠原家は清和源氏《せいわげんじ》の後裔《こうえい》で信濃の名族だったが、一五五三年に武田信玄によって信濃を追われている。秀政は貞慶の逃亡先の山城で生まれ、父と共に各地を転々とした。貞慶は一五八二年の本能寺の変後、徳川家康の助けを得て信濃深志城を奪い、秀政は徳川家に人質に出され石川数正に預けられる。一五八九年に家康の孫・登久姫と結婚した。一五九〇年の小田原攻めに従軍し、その功で下総古河三万石を与えられる。関ヶ原の戦いで功があり、一六〇一年に信濃飯田五万石に移封された。一六一三年、信濃松本の旧領に戻り八万石を与えられる。

一六一四年、大坂冬の陣が起こると長男忠脩を大坂に向かわせ、自身は松本城の守備についた。翌年の夏の陣では秀政が自ら出陣する。一六一五年五月六日、若江の戦いで井伊直孝が戦闘に突入し、近くにいた小笠原軍も参加しようとした。しかし軍監・藤田信吉《ふじたのぶよし》に止められたため防戦に徹する。それが徳川秀忠の耳に入り、秀

小笠原秀政が城主だった松本城

政は激しく叱責されてしまう。そこで名誉挽回を決意し、同じく家康の不興を買っていた本多忠朝を訪ね、酒を酌み交わして翌日の奮闘を誓い合った。

翌日、天王寺・岡山の決戦が始まると、豊臣軍の毛利勝永・大野治長・竹田永翁《えいおう》隊と衝突し竹田軍を蹴散らしたが、毛利・大野隊の攻撃によって小笠原軍は敗走し始める。そこで秀政は態勢を立て直そうと自ら槍を奮って奮戦した。しかし六カ所に傷を負ったため、河内久宝寺に逃れ治療を受けたが、夕方に死亡する。

【コメント】

かなりの苦労人ですが、その苦労のおかげで立派な人間になって、要所の下総古河の地を任され、孫を嫁がせるという家康の信頼を得ています。大坂夏の陣で大坂に向かう途中では「家康公から豊臣軍に勝利したら大坂城と二〇万石を与えるという言葉があった」と張り切っていたようですが、軍監のせいで窮地に追いやられています。以上、夏の陣で大奮戦した小笠原秀政さんでした。

政治は得意だが、戦は苦手

徳川秀忠（とくがわひでただ）

評価：8

●生没年：一五七九～一六三二年
●身分：征夷大将軍
●官位（通称、号）：征夷大将軍

徳川家康の三男。家康の長男信康がすでに亡くなり、次男の結城秀康も他家に養子に出されていたため、実質的な嫡男として扱われた。石田三成が上方で挙兵すると、江戸から中山道を通って美濃に向かう。しかしその途中で信濃上田城主・真田昌幸の策略に乗せられ、そこを攻めて足止めを食らってしまい、九月十五日の関ヶ原の戦いには間にあわなかった。そのため、家康に叱責されて嫡男としての立場が危うくなるが、なんとか事なきを得ている。

一六〇五年に家康から将軍職を譲られ、武家の棟梁《とうりよう》となったが実権は相変わらず駿府の家康が握っていた。一六一四年、大坂冬の陣が起こると、家康は先に上京して諸大名を待っていたが、秀忠が到着しないので機嫌が良くない。そのことが秀忠の耳に入ると関ヶ原のことが脳裏を過《よぎ》り、焦って出発しようとしたが、大軍なので準備が整わず、自分と周りの者だけで急いで上京した。それを聞いた家康から「私

徳川秀忠が葬られた東京都港区にある増上寺

の機嫌が良くないからと少人数で来るようでは国を治めるのに心もとない」と叱られている。

大坂冬の陣が始まっても総大将にもかかわらず秀忠にはあまり活躍の場はなく、仕切るのはすべて家康。秀忠は総攻撃を願い出るが、これも却下されてしまう。翌年の夏の陣、天王寺・岡山の決戦で豊臣軍が家康と秀忠の首を狙い、猛攻撃を仕掛けてきたため、秀忠軍も危ない目にあった。

この時、秀忠軍は大野治房などの攻撃で大混乱をきたし、秀忠自身も槍を持って戦おうとしたが、これは家臣に止められている。その後、秀忠軍はなんとか豊臣軍を退け大坂を落城させた。

一六一六年に家康が亡くなり、名実と

もに日本の頂点に立つとその手腕を発揮する。外様《とざま》大名の改易、朝廷や寺社の締め付け、海外貿易の制限などを行ない、徳川幕府の基礎を固めた。一六三二年一月二十四日に死亡する。

【コメント】

秀忠には地味なイメージがありますよね。一応この人が大坂の陣での徳川軍の総大将になりますが、そう思っている人は一人もいないでしょう。実際に陣での逸話もあまり残っていません。昔の人も地味だと思っていたらしく『常山紀談《じょうざんきだん》』には『礼儀正しいが、普段は泥人形のようだ』と、酷評してありますし。

でもそんな彼がいたからこそ徳川幕府はあんなに続いたのだと思います。兄の秀康とかだったらどうなっていたのでしょうか……。以上、その政治力で江戸幕府の基盤を築いた徳川秀忠さんでした。

鼻毛を出した名君

前田利常（まえだとしつね）

評価：8

●生没年：一五九三～一六五八年
●身分：加賀・能登・越中一二〇万石の大名
●官位（通称、号）：筑前守

前田利家の四男。一六〇一年、前田家を継いでいた兄の利長の後継者となり、徳川秀忠の娘・珠と結婚する。一六〇五年、利長の隠居にともない僅か十三歳で加賀前田藩の三代目となった。

大坂の陣が起こると、一万二〇〇〇という外様大名最大の兵力を率いて出陣する。真田丸の前面に陣を構えたが、前線が真田幸村の策略にひっかかり、真田丸を遮二無二《しゃにむに》攻めたため大損害を出してしまった（城南の戦い）。しかし夏の陣の天王寺・岡山の決戦では三二〇〇の首級《しるし》をあげる大功を上げる。

前田家は一二〇万石という徳川宗家を除くと最大の領土を持っていたので、終始幕府に警戒され、利常は非常に気を遣った。豊臣恩顧の大名たちが改易されると様子をさぐらせ、また無能に見せるための演出を怠《おこた》らなかった。中でも彼が鼻毛を伸ばして馬鹿を演じていたのは非常に有名な話である。

名古屋市の荒子城跡にある前田利常の父・前田利家誕生の碑

一六三九年、長男の光高に家督を継がせ、次男の利次に富山一〇万石、三男の利治に加賀大聖寺七万石を与え、利常自身も小松に隠居した。しかし一六四五年に光高が僅か三十一歳で死去したため、孫の綱紀《つなのり》の後見をしている。一六五八年十月十二日に死亡した。

【コメント】

大坂冬の陣の際に利常には次のような話があります。利常は丘の上で指揮を取っていましたが、真田丸から激しい銃撃があったので、家臣たちは利常に丘の陰に移動するように言いました。だが彼はそれを無視してその場に居続けます。そこに山崎長徳が利常の側に来て「今日は風が冷たいので風邪《かぜ》をひいてしまうかもしれません。大合戦の前なので丘の陰に移動してください」とお願いしました。それに対して利常は、「そうだな。今日は風がきつい。そうした方がよさそうだ」と長徳の忠告に従い移動したそうです。

ちなみに彼は寛永《かんえい》年間まで利光と名乗っていたそうですが、本書ではよく知られている利常を使用しています。以上、その智恵と努力で加賀前田藩の基礎を築いた前田利常さんでした。

家康の従兄弟

水野勝成（みずのかつなり）

評価：8

●生没年：一五六四〜一六五一年
●身分：三河刈谷三万石の大名
●官位（通称、号）：日向守

三河刈谷城主・水野忠重の嫡男。徳川家康の従兄弟にあたり秀忠とは乳兄弟になる。家康に仕え数々の戦いで功があった。しかし一五八四年に家臣と揉めて切り殺してしまい、父の怒りを買って浪人となる。その後、豊臣秀吉、佐々成政、小西行長、加藤清正、黒田長政と主君を何度も変えた。

一五九八年に京都に行き、家康に帰参を願い出て許される。一六〇〇年、関ヶ原の戦いの直前に加賀井重望《かがのいしげもち》によって父の忠重が斬られると、その遺領を継いで三河刈谷三万石の大名となった。関ヶ原の戦いでは大垣城を開城させるという活躍をしている。

一六一五年の大坂夏の陣では大和口の大将を務め、五月六日の道明寺の戦いで活躍した。また翌日の天王寺・岡山の決戦でも明石全登《たけのり》と激戦を繰り広げ、桜門に入り一番に旗を立てる。陣後、松平忠明に次ぐ功があったということで、大和郡山六万石に移封された。この論功行賞の際に、勝成は「道明寺の戦いや天王寺・岡山の決戦で自分が最初に攻撃をしかけた」と主張したが、忠明や松平忠直の家臣・本多成重に論破され認められていない。

一六一九年に備後《びんご》十万石に移封された。備後に来た勝成は三年の歳月をかけて福山城を築城し城下町を整備する。一六三七年の島原の乱にもおもむき原城攻めに参加した。一六五一年三月十五日に死亡する。

【コメント】

勇猛な武将で『鬼日向《おにひゅうが》』との異名をとったそうです。そんな武のイメージが強い勝成ですが、福山では福山城を築く際に海を埋めて城下町を造り、新田開発と芦田川の治水を行ない、寺社仏閣の再建などに尽くすという政治力も発揮しています。以上、福山市の基礎を築いた勇将・水野勝成さんでした。

水野勝成が城主だった福山城

名門中の名門

佐竹義宣（さたけよしのぶ）

評価：7

●生没年：一五七〇～一六三三年
●身分：出羽久保田二〇万石の大名
●官位（通称、号）：右京大夫

常陸の戦国大名・佐竹義重の長男。母は伊達晴宗の娘。佐竹家は源義光（平安中期の武将。頼義の三男。義家の弟。新羅三郎《しんらさぶろう》と号す。東国の佐竹・武田・小笠原家の祖となった）を先祖とする名門。

一五八九年に父から家督を譲られるが、その頃の佐竹家は北の伊達政宗と南の北条氏政の挟撃にあって厳しい状況にあり、次第に追いつめられていった。しかし一五九〇年に豊臣秀吉の小田原攻めに参加してその傘下に入ったので危機を脱する。その後、北条氏と結んで対抗していた江戸重通の水戸城を奪い、常陸の領主たちを太田城に招いて騙し討ちにし、常陸を平定した。

一五九九年に恩のあった石田三成が加藤清正らに襲われると、自ら大坂に行って護衛し助けている。関ヶ原の戦いでは日和見《ひよりみ》的な態度を取ったため、一六〇二年に出羽の秋田二〇万石に減封された。

高野山にある佐竹義宣らの供養塔

大坂冬の陣が起こると出陣し、上杉軍と共に大坂城北東に築かれた豊臣軍の砦を攻略するように命じられる。この今福の戦いでは緒戦こそ勝利したものの豊臣軍の逆襲にあい大苦戦した。しかし最後は上杉軍らの助けを借りてなんとか追い返している。一六三三年一月二十五日に死亡した。

【コメント】

義宣は戦国の雰囲気を残した武将で、顔をじっくり見た家臣は少なく、三つの寝室に紙《し》帳《ちょう》（紙で作った蚊帳《かや》）を張ってどこに寝ているか分からなくし、部屋から出る時は薙刀《なぎなた》の先で金具を外すなど用心しています。また茶や剣も一流の人物から学び、文武両道の名将だったと伝えられています。以上、秋田市の基礎を築いた佐竹義宣さんでした。

幸村の叔父

真田信尹（さなだのぶただ）

評価：7

- 生没年：一五四七～一六三二年
- 身分：徳川将軍家の家臣
- 官位（通称、号）：隠岐守

武田信玄の家臣・真田幸隆の四男。真田昌幸の弟。最初、信尹は加津野家の名跡を継いで加津野市右衛門信昌と名乗ったが、一五八二年に武田家が滅亡すると北条家の家臣となり、本姓に戻している。

一五八四年に徳川家康と謁見し三〇〇〇石を与えられた。一五九〇年の小田原攻めでは江戸城から兵を追い出して家康に手渡し、その功で一万石を与えられる。しかしその恩賞に不満を抱き徳川家を去って京に行き、豊臣秀吉に家臣になりたいと願い出るが、秀吉に許可されなかった。その後、蒲生《がもう》氏郷《うじさと》に召抱えられるが彼の死後、徳川家に戻り三〇〇〇石を与えられる。

大坂冬の陣に従軍し、甥の真田幸村と会って「信濃一国を与えるから徳川軍の味方になるように」という家康の言葉を伝えるが、幸村に「一度、秀頼公から扶持《ふち》を受けた上は討死と決めている。しかし、もし和議となったなら貴殿の口添えで徳川

真田信尹が小田原攻めで兵を追い出した江戸城

家に奉公しましょう。だが合戦のあるうちは大坂にいて討死するので取次ぎは無用だ」と拒否されている。夏の陣にも従軍し、幸村の首実検に立ち会う。一六三二年五月四日に死亡した。

【コメント】

幸村の首実検の際に、信尹は家康から彼の首についていた傷について尋ねられましたが「冬の陣で使者として行った際は夜中で幸村が用心して近づけず、遠かったので見覚えがありません」と答えています。そのせいで家康から滅茶苦茶怒られています。以上、幸村への使者として有名な真田信尹さんでした。

戦いたくても兵が無くては戦えない

筒井定慶（つついじょうけい）

評価：7

●生没年：？〜一六一五年
●身分：大和郡山一万石の城主
●官位（通称、号）：主殿頭

福須美《ふくすみ》順弘《じゅんこう》の息子。母は筒井順昭の娘（順慶の姉妹）。後に順慶の養子となる。一五八五年、大和郡山城に豊臣秀長が入るとその家臣となった。秀長が亡くなると大和福住に隠遁する。

一六〇八年に筒井本家を継いでいた筒井定次が改易になると、徳川家康の指名であとを継ぎ大和郡山の城代となり福住一万石を領した。

大坂の陣では豊臣家から誘われたがこれを断っている。一六一五年四月二十六日に大野治房が二〇〇〇の兵で大和郡山に攻めてくると、迎え撃とうとするが、数万の大軍と勘違いし、戦意を失ってしまう。そこで定慶は城を捨て領地に退却した（大和郡山の戦い）。五月十日まで福住村で守りを固めていたが、大坂城が落ちたことを知ると恥じて自害する。

高野山にある筒井定慶の養父・順慶の墓

【コメント】

筒井家はかわいそうな人が多いです。順慶が洞ヶ峠《ほらがとうげ》の件で悪く言われ、定次は大坂の陣で豊臣家への内通を疑われて自害。残った定慶も逃亡の責任をとって自害……。涙を誘います。ちなみに定慶には自害と称して蟄居し最後は病気でなくなったという説と、松平忠輝に奈良に呼ばれて自害を強要されたという説もあります。以上、不幸な筒井一族の最後の当主・筒井定慶さんでした。

隠し子疑惑のあった老中

土井利勝（どいとしかつ）

評価：7

●生没年：一五七三～一六四四年
●身分：下総佐倉四万五〇〇〇石の大名
●官位（通称、号）：大炊頭

一般には三河土居《どい》出身の武将・土居利昌の長男といわれているが、徳川家康の落胤《らくいん》、または水野信元（家康の叔父）の子という説もある。幼少から家康に仕え、徳川秀忠が生まれるとその小姓となった。

一六〇二年に下総小見川《おみがわ》一万石の大名となり、一六一〇年に佐倉三万二〇〇〇石に移封され老中となる。一六一二年には加増され四万五〇〇〇石の大名となった。大坂の陣では秀忠に付けられて従軍する。天王寺・岡山の決戦では大野治房に追いつめられ、味方の兵士たちから『逃げ大炊《おおい》』と呼ばれる醜態《しゅうたい》をさらした。だが徳川軍が反撃に出ると首級九八をあげている。陣後、その功で加増され六万五〇〇〇石となり、さらに一六二五年には一四万石に加増された。一六三三年には下総古河に移封され一六万石となる。一六四四年七月十日に死亡した。

【コメント】

利勝の家康～家光三代の信頼は厚く、大名家の改易政策、鎖国政策、キリシタン弾圧などの重要な政策すべてに関わっています。そのため、金地院崇伝からは「誰もが利勝に頼むようになった」と言われていますし、秀忠から家光に将軍職が譲られた時に「天下と共に利勝を譲る」というほどの信頼を得ていました。以上、徳川幕府初期の重要人物・土井利勝さんでした。

岡崎市にある土井利勝の先祖、土井一族発祥地の碑

用済みとなった猛将

福島正則（ふくしままさのり）

評価：7

●生没年：一五六一～一六二四年
●身分：安芸広島五〇万石の大名
●官位（通称、号）：左衛門大夫

幼少期の詳細は不明。桶屋の息子で豊臣秀吉の叔父・福島新左衛門の養子に入ったとも、尾張海東郡花正庄二寺村で生まれ母が豊臣秀吉の伯母だったとも言われている。

その縁で正則は幼少より秀吉に仕える。一五八三年の賤ヶ岳の戦いでは七本槍として活躍し五〇〇〇石を与えられた。四国攻め後の一五八五年に伊予今治一〇万石を与えられる。その後も大きな戦いで功を上げ、一五九五年には尾張清洲二四万石を与えられた。

一六〇〇年の上杉攻めの最中に起きた石田三成の挙兵では、小山の評定《ひょうじょう》の際に徳川家康への支持を表明し、そこにいた諸将たちの意見を徳川方へ誘導した。関ヶ原の戦いでは岐阜城攻めや、宇喜多秀家軍との戦いで活躍している。それらの功で安芸《あき》・備後合わせて五〇万石の大名となった。

大坂の陣では動向を疑われ江戸に留め置かれる。この際に豊臣家が大坂にあった福島家の八万石の米を取り上げるのを黙認した。一六一九年に広島城無断修築を咎められて領地を召し上げられ、信濃川中島四万五〇〇〇石に移封される。一六二一年に息子の正勝が亡くなると、傷心のため越後の領地を幕府に返して二万五〇〇〇石だけを自分の領地とした。一六二四年七月十三日に死亡する。

愛知県美和町の菊泉院にある
福島正則の供養塔

【コメント】

正則は大坂の陣の際も豊臣家に心を寄せており、国元に「私を見捨ててもいいから息子の正勝を立てて豊臣家につけ」という手紙を送っています。また世間からもそう思われており、豊臣家に内通しているので切腹をさせられる、家康が不在のうちに江戸を焼く、などの噂を立てられています。実際には豊臣軍の活躍を聞いて喜ぶことくらいしかできませんでしたが。以上、豊臣家への恩義と家臣を養うという二つに挟まれて苦しんだ福島正則さんでした。

幸村を討ち取った男

西尾宗次（にしおむねつぐ）

評価：7

●生没年：？〜一六三五年
●身分：松平家の家臣
●官位（通称、号）：仁左衛門・久作

宮地久右衛門の息子。久右衛門は遠江の浪人・西尾是尊の養子となって家と姓を継ぐ。宗次は遠江高天神《たかてんじん》城の戦いで徳川軍に属して功を上げ、一五九三年に結城秀康の家臣となり七〇〇石を与えられた。一六〇一年に鳥銃頭の役職を与えられる。大坂夏の陣に従軍し、天王寺・岡山の決戦で豊臣軍の名将・真田幸村を討ち取ったという大功を上げて、徳川家康と秀忠に拝謁を許された。この際に宗次は自分の功の価値を少しでも上げようと、相手が満身創痍《まんしんそうい》でほとんど抵抗しなかったにもかかわらず「幸村が最後に強く抵抗したため傷を負いましたが、なんとか突き伏せて討ち取りました」と嘘をつくが、これを家康に見破られてしまい叱責されている。しかし功は賞され黄金などを賜った。主人の松平忠直からも賞されて一八〇〇石に加増される。一六三五年に死亡した。

福井市にある西尾家の菩提寺・孝顕寺

【コメント】

幸村は宗次に討たれる際に抵抗を諦め「自分の首と豊臣秀頼様から拝領した采配を添えて功名にしろ」と言って首を差し出しています。その首ですが、真田一族に奪い取られるのを恐れて福井の某所に埋葬してあり、場所については西尾家で一子相伝だそうです。

以上、幸村を討ち取ったということで名前は知られている西尾宗次さんでした。

豊臣軍に振り回される

浅野長晟（あさのながあきら）

評価：6

●生没年：一五八六〜一六三二年
●身分：紀伊和歌山三八万石の大名
●官位（通称、号）：但馬守

豊臣秀吉の義弟・浅野長政の次男。幼い頃より豊臣秀吉に仕え、一五九七年に三〇〇〇石を与えられた。関ヶ原の戦いのあとは徳川家康に仕え一六一〇年に備中足《あし》守《もり》二万四〇〇〇石を与えられる。一六一三年に紀伊和歌山の大名であった兄・幸長が亡くなると彼に子供がいなかったため、その後を継いで浅野家の当主となり、紀伊和歌山三八万石に移封された。

翌年、大坂の陣が起こると、豊臣家の誘いを断り、徳川軍の一員として船場口に陣を敷き、木津川口の戦いで奮戦している。また国元の熊野地方で一揆が起きたが、これは家臣の活躍で鎮圧に成功した（紀州一揆）。

その翌年の一六一五年に夏の陣が起こると、豊臣軍の動きをうかがって出陣を見合わせていたが、幕府から急ぎ出陣するように命令があったため五〇〇〇の兵を率いて大坂を目指した。その途中、大野治房軍と遭遇したが、これを樫井の戦いで撃

浅野長晟が城主だった和歌山城

退し、その後に起きた名草・日高地方の一揆も引き返して鎮圧している（紀州一揆）。

大坂城落城後に上洛して家康・秀忠に会い陣での活躍を賞された。一六一九年、安芸広島の福島正則が改易されると、安芸及び備後半国合わせて四三万石へ移封される。広島に移った長晟は領土の発展に力を尽くし、農村支配の基本となる『郡中法度』の発布、城下町への人口流入を黙認し商業経済発展を促進させ、また海運業に力を注ぐなど、現在の広島市の基礎を築いた。一六三二年九月三日に死亡する。

【コメント】

大坂の陣に参加した徳川軍大名の中で

一番大変だったのはこの浅野家ではないでしょうか。冬・夏の陣で領内は一揆が頻発しまくったのでその対処に追われて、樫井では大野軍と戦って撃退していますから。場所が大坂に近い上に、豊臣家と親しい間柄なのに彼らの誘いを断ったわけですから、いろいろ起こるのは仕方が無いことなのですけどね……。以上、大坂の陣でがんばった浅野長晟さんでした。

宗箇流の祖

上田重安（うえだしげやす）

評価：6

●生没年：一五六三～一六五〇年
●身分：浅野家の家臣
●官位（通称、号）：宗箇・主水正

丹羽長秀の家臣・上田重元の息子。十歳の時に父が死亡したため、それからは祖父に育てられ、成長すると丹羽家に仕えた。一五八二年に本能寺の変が起きた際、明智光秀に通じていると疑われた津田信澄（光秀の婿）の首を取っている。丹羽家が近江国内に領土を与えられた際に、高島郡の代官として大溝城に入った。一五八三年に丹羽家が越前に移封されると一万石を与えられる。

一五八五年に丹羽家の跡を長秀の息子の長重が継いだが、豊臣秀吉に難癖を付けられ若狭に減封されてしまう。その際に重安は豊臣家の直参となり引き続き越前国内で一万石を与えられた。その後、九州攻め、小田原攻めで功があり、一五九四年に主水正《もんどのしょう》の官位と豊臣姓を与えられる。

関ヶ原の戦いが起こると西軍につくが、石田三成が敗北したため摂津兵庫に逃げて剃髪し、宗箇《そうこ》と号した。これを聞いた蜂須賀家政に呼ばれて庇護を受ける。一六

上田重安が代官として入った大溝城跡

〇二年に浅野幸長に呼ばれて一万石を与えられ、この時に徳川家康から許されて還俗《げんぞく》し再び主水正を名乗った。

　大坂冬の陣に従軍するが、待遇に不満があり奈良に移り住む。しかし当主・長晟に頼まれ浅野家に戻った。夏の陣では樫井の戦いで奮戦し、塙直之を家臣の力を借りてなんとか討ち取っている（異説あり）。一六一九年に浅野家が広島に移封されると要所である安芸佐伯《さえき》郡小方一万七〇〇〇石を与えられた。一六五〇年五月一日に死亡する。

【コメント】

　武人として有名な重安ですが、文化人としても有名で古田織部の弟子として茶道を究め、宗箇流という武家風の流派を確立しています。そして名品も数多く残しており、樫井の戦いの最中にそばにあった竹で作った茶杓『敵がくれ』(大軍が攻めてくるってデマが流れていたのにどこにそんな余裕が……)やその他多くの作品があります。

また作庭師としても手腕を発揮して名古屋城の二の丸庭園、広島城の縮景園などを手がけています。以上、文武両道の名将とはこの人のためにあるような言葉という感じの上田重安さんでした。

浅野家の勇将

亀田高綱（かめだたかつな）

評価：6

●生没年：一五五八～一六三三年
●身分：浅野家の家臣
●官位（通称、号）：大隈守

尾張葉栗郡に生まれる。父は溝口半左衛門。高綱は最初、溝口半之丞と名乗り柴田勝豊に仕えていたが、柴田家を追放され、亀田権兵衛と名前を変えて浅野長政に仕えた。小田原攻め、朝鮮出兵、関ヶ原の戦いに従軍し功があり、浅野家が紀伊に移封されると七三〇〇石を与えられる。

大坂夏の陣の樫井の戦いで上田重安と共に豊臣軍を撃退した。この際、高綱は塙直之を討ち取り彼の具足を奪い取る。しかし浅野家では討ち取ったのは八木新左衛門ということになってしまい、亀田家は息巻いたが、高綱の息子・半左衛門が「父の武功は数え切れないほどのものなので今回のこと程度でとやかく言うことはない」と発言したのでおさまっている。一六一九年に浅野家が安芸広島に移封されると備後双可郡東城を任せられた。

一六二四年に浅野長晟の命令で上田重安の息子と高綱の娘を結婚させることにな

亀田高綱が隠遁した堺

ったが、高綱がこれを拒否し和泉堺に勝手に隠遁する。これを知った水野勝成らが調停をしたが上手くいかず、長晟は「他家に仕えないなら去ってもいい」という条件を出し高綱はこれを了承した。そして紀伊伊都郡下天野に移り住み、一六三三年に死亡する。

【コメント】

高綱は樫井の戦いでの武功争いで重安と仲が悪くなったと言われています。彼は紀伊に隠遁した時に『亀田大隈武功覚書』という本を書いています。以上、上田重安とのコンビのイメージがある亀田高綱さんでした。

犬に喰わせよ

安藤直次（あんどうなおつぐ）

評価：6

●生没年：一五五五？〜一六三五年
●身分：徳川頼宣の家臣
●官位（通称、号）：帯刀

安藤基能《もとよし》の長男。安藤家は徳川家譜代の家柄。直次も幼少より徳川家康に仕え、姉川の戦い、長篠の戦い、小牧・長久手の戦いで活躍した。特に小牧・長久手の戦いでは池田恒興《つねおき》・森長可《ながよし》を討ち取り（異説あり）、家康から弓を授かる。一五九〇年に徳川家が関東に移封されると一〇〇〇石を与えられた。関ヶ原の戦いでは使番として従軍する。

一六〇三年、家康の将軍宣下《せんげ》に供奉《ぐぶ》（天皇の行幸などの行列に供として加わること）し、一六〇五年の正月に武蔵国内で二三〇〇石を与えられて、本多正純らと共に幕政に参加した。一六一〇年に駿府にいた徳川頼宣に付けられたが、幕政には前と変わらず関わる。またその際、遠江横須賀の横須賀忠次が幼少であったため。その補佐にもあたった。

大坂の陣では頼宣の軍を率いて出陣し、家康の相談役も務める。夏の陣で息子の重能が戦死したが、それを知って「犬に喰わせよ」と言い、そのまま指揮を続行した。一六一七年に遠江掛川城主となり、一六一九年に徳川頼宣が紀伊に移封されると、付家老として一緒に紀伊田辺三万八〇〇〇石に移封される。一六三五年五月十三日に死亡した。

【コメント】

大坂冬の陣の際に頼宣の領土は兵農未分離のままだったので、直次は農民たちも兵士として連れて行きました。そして冬の陣が終わってそれぞれの領地に帰した時に土地を褒美として渡すという宛行状《あてがいじょう》（武家が家臣に土地または年貢などの知行を給与する際に出す文書）を発行しました。

そのせいで直次が移動したあとに来た代官が兵農分離や検地が難しくなり大変苦労したそうです。まあ、これは頼宣が移封されてからきちんと整理する間もなく大坂の陣が始まったからで、直次のせいではないのですけどね。以上、三河譜代の家臣・安藤直次さんでした。

安藤直次が葬られた岡崎市の妙源寺

主君よりも人気者

直江兼続（なおえかねつぐ）

評価：6

●生没年：一五六〇～一六一九年
●身分：上杉家の家臣
●官位（通称、号）：山城守

長尾政景の家臣で坂戸城主の樋口兼豊の息子。幼少から上杉謙信に小姓として仕え、一五七八年の御館の乱では上杉景勝に協力し勝利に導いた。一五八一年には直江信綱の跡を継いで直江姓を名乗る。その後の戦いでも景勝を補佐してこれを助けた。

一五九八年に上杉家が陸奥会津一二〇万石を与えられた際に、豊臣秀吉の命令で出羽米沢三〇万石が兼続に与えられる。一六〇〇年に徳川家康から上杉家に上洛命令があった時、景勝と兼続はこれを拒否し上杉攻めとなった。

兼続は徳川軍の来襲を待ったが上方での石田三成の挙兵で転進したので、兵を率いて山形の最上義光に対して猛攻撃を行なう。しかし長谷堂城の攻防戦の最中に関ヶ原の戦いの結果を知って撤退した。

一六〇一年に上杉家が米沢三〇万石に減封されてからも兼続は城下の整備など藩

大坂冬の陣で上杉軍が本陣を置いた付近にある八劔神社

に多大な貢献をする。
大坂冬の陣では、鴫野の戦いで戦闘を指揮して豊臣軍を撃退する活躍をした。
一六一九年十二月十九日に死亡する。

【コメント】

兼続には大坂冬の陣の際にこんな話があります。鴫野の戦いの際、景勝は兼続に「誰が先陣を務めている」と聞きました。すると兼続は「安田能元を先陣に、須田長義を二陣にしました」と答えました。それを聞いた景勝は「須田を先陣に、安田を二陣にしろ」と命じ、そのように実行させました。

長義の方はいつも能元に先を越されていたので諦めていましたが、思わぬ先陣を命じられて奮戦し、先陣を奪われた能元も名誉挽回とばかりに奮闘しました。これを聞いた者たちは景勝を称賛しましたが、二陣に回された能元は当然面白くなく、それ以降兼続と仲が悪くなったそうです。

また兼続は戦だけではなく、たくさんの文化人と交わり、『論語』などを出版したことでも知られています。以上、景勝を補佐した文武両道の名将・直江兼続さんでした。

暗君？ 悲運の武将？

織田信雄（おだのぶかつ）

評価：6

●生没年：一五五八〜一六三〇年
●身分：隠居中
●官位（通称、号）：常真

織田信長の次男。一五八二年の本能寺の変では京都にいなかったため、難を逃れている。一五八三年に柴田勝家と織田信孝（信長の三男）が秀吉の織田家乗っ取りを防ぐため立ちあがると、信孝と仲の悪かった信雄は秀吉に協力し、岐阜城を攻めて開城させ、後に信孝を自害させた。

これでライバルの信孝がいなくなった信雄であったが、気がつけば秀吉が絶大な権力を握り織田家そのものが危うい状況になる。そのため、一五八四年に徳川家康やその他反豊臣勢力と組んで小牧・長久手の戦いを起こした。しかし次第に形勢が不利となり、秀吉と単独講和をし、以降は豊臣軍の一員として転戦する。

一五九〇年の小田原攻め後、論功行賞で家康の旧領に転封するよう言われるが、織田家の出身地である尾張を手放したくない信雄はこれを拒否した。すると秀吉は信雄の所領を没収し、下野烏山《からすやま》に配流してしまう。信雄はこれを機に出家して常

安土城跡にある織田信雄の墓

真と名乗った。その後、一五九二年に秀吉の御咄衆《おはなししゅう》として復帰する。秀吉死後は隠居し家督を息子の秀雄が継いだ。

一六〇〇年に関ヶ原の戦いが起きると近畿の情報を東軍に流している。しかし秀雄が西軍についたため所領を没収されてしまう。

その後、信雄は大坂城にいたが、一六一四年に大坂冬の陣が始まると大坂城を脱出し、徳川軍に豊臣軍の情報を提供する。大坂落城後は五万石を与えられたが、領土は息子に譲り自身は京都で余生を過ごした。一六三〇年四月三十日に死亡する。

【コメント】

信雄は無能な武将の代表のように言わ

れていますが、そこまで本当に無能だったのでしょうか？ 人間というのは悪いイメージがつくと、何をやっても悪い方に見られてしまいますから……。

大坂の陣直前に次のような話があります。片桐且元が疑われて殺されそうになった際、それを淀殿から聞いた信雄は「もう少し状況を確かめてからにしましょう」と止めていますが、彼が去ったあとに豊臣家上層部は「信雄は歳で呆《ほう》けてしまっているから、状況が分かっていない。ことがおおやけにならないように彼を殺してしまおう」ととんでもないことを言っています。そんなこと言われたら誰だって逃げ出しますよね……。まあ、その前から逃げる気だったのでしょうが。以上、信長の息子の中でもっとも評判の悪い織田信雄さんでした。

佐竹藩の基礎を作る

渋江政光（しぶえまさみつ）

評価：6

●生没年：一五七四〜一六一四年
●身分：佐竹家の家臣
●官位（通称、号）：内膳

荒川秀景の息子。最初、荒川弥五郎と名乗る。荒川家は下野の豪族・小山家の家臣だったが、一五九〇年の小田原攻めで小山家が改易されたため政光は浪人となった。のちに佐竹家の家臣の推挙で佐竹義宣の近侍となり、一五九三年には渋江家の養子となって渋江内膳政光と名乗り、三〇〇〇石を与えられる。一六〇二年に佐竹家が出羽久保田に移封されると領地の経営に携わり、その後の佐竹家の藩政に多大な影響を与えた。

一六一四年、大坂冬の陣に従軍する。十一月二十六日、今福の戦いで佐竹軍は当初、豊臣軍を押していたが、木村重成と後藤基次が反撃に出ると佐竹軍は大苦戦し、当主の義宣も危険な状況に陥った。それでも政光は奮戦するが、重成の家臣に狙撃され戦死する。

【コメント】

政光の残した『渋江田法』では田んぼの生産量を四ランクに分け、それらによって税率を決めました。他にも収益の三分の二を生計にあてて残りは貯蔵すること、土地の売買の禁止、などを定めて佐竹藩は明治時代まで安泰を保っています。その『渋江田法』は久保田城の金蔵に納められて非常に大事にされたそうです。

政光の戦死についてですが、狙撃されたのではなく、主君の義宣をかばって流れ弾に当たったと記している史料もあります。聞いた状況は同じだったのですが、記した人の受け止め方によって記述してあることが違うだけかもしれません。

以上、奮戦の末、戦死し、子孫が永代家老の地位を約束されるほどの功を上げた渋江政光さんでした。

渋江政光が戦死した今福

幸村の娘を妻にする
片倉重長（かたくらしげなが）

評価：6

●生没年：一五八五〜一六五九年
●身分：伊達家の家臣
●官位（通称、号）：小十郎

伊達政宗の片腕・片倉小十郎景綱の長男。最初、重綱と名乗った。関ヶ原の戦いでは上杉軍の籠る白石城の攻防戦に父と共に従軍した。

大坂の陣に従軍し、冬の陣では伊達政宗から馬印を賜り、軍を激励している。夏の陣では道明寺の戦いで一〇〇〇人程を率いて後藤基次や薄田《すすきだ》兼相《かねすけ》の軍を破るという大戦果を上げた。その後、基次たちの援軍として来た真田幸村と戦うが引き分けに終わっている。

翌日、その幸村から重長宛に手紙が届く。内容は『私が徳川軍を見る限り、あなたに及ぶ者はいない。私の運命は夕方には終わるだろう。私には娘がいる。願わくはあなたに託して命を助けたい』というものだった。はたして夕方に重長の陣営に駕籠《かご》が来て、その一人が幸村の娘・阿梅だった。そこで重長は主君の伊達政宗に請うて連れて帰り、一六二〇年に側室にしている。

片倉重長が奮戦した小松山

その後、重長は政宗と二代藩主・忠宗に重用され、一六五九年三月二十五日に死亡した。

【コメント】

道明寺の戦いで重長の隊は首級九一を取って、世間から『鬼の小十郎』と呼ばれ、徳川家康からは感状をもらっています。しかし後に敵と直接戦闘して首を取ったということが父にばれて「敵と組み討つなど大将のすることではない」と叱られています。以上、美男子としても有名な片倉重長さんでした。

悲劇の再会

桑名一孝(くわなかずたか)

評価：6

●生没年：一五五八～一六一五年
●身分：藤堂家の家臣
●官位(通称、号)：弥次兵衛

名前は吉成とも伝わっている。藤蔵人の息子。桑名家は長宗我部家の重臣の家柄。一孝は長宗我部家の四国統一戦で功があり、幡多《はた》郡中村の城代となった。関ヶ原の戦いで長宗我部家が改易されると、藤堂高虎に仕え二〇〇〇石を与えられる。

大坂冬の陣が始まると藤堂家の部隊長として出陣した。この際、旧主・長宗我部盛親の家臣が訪れ、大坂に来るように誘ってきたが「長宗我部家から受けた恩には、関ヶ原の戦いで命を捨てて戦うことで報いることができたと思う。だが、藤堂家には世話になりながらも何も報いていない。今回の戦では旧主の恩に報いたいとは思わない」と、断っている。一六一五年五月六日、八尾の戦いで皮肉にも旧主の盛親と遭遇。かつての同僚たちに目の仇《かたき》にされたのと、自殺に近い突撃をしたため戦死した。

【コメント】

一孝はなんという哀しい最期を終えた人なのでしょう。本当は盛親につきたかったのだけれど、家臣が路頭に迷うのと恩義で藤堂家に留まり、いくらでも敵はいたのに、偶然にも長宗我部隊と出会って板挟みにあって戦死する。辛かったことでしょう。

一孝には大坂の陣で次のような話があります。一孝は日頃「腰に帯びた二本の刀を両方使うほどの働きをして討死したい」と言っていました。その言葉通り、八尾の戦いでは長宗我部家の家臣・近藤長兵衛と戦い、胸を突かれても刀でその柄を切り、脇差を投げつけます。ですが、結局は長兵衛に首を取られてしまっています。以上、悲しい再会の末に戦死した桑名一孝さんでした。

八尾市の常光寺にある桑名一孝らの墓

藤堂家の筆頭家臣

渡辺了（わたなべさとる）

評価：6

●生没年：一五六二～一六四〇年
●身分：藤堂家の家臣
●官位（通称、号）：勘兵衛

名前は吉光とも伝わっている。渡辺右京の息子。阿閉貞征、豊臣秀吉、中村一氏などを渡り歩きそのつど功を上げた。小田原攻め後、増田長盛に招かれ客将となる。

一六〇〇年の関ヶ原の戦いでは増田家の居城・大和郡山城の留守をし、西軍が負けたあとに城を藤堂高虎に包囲され明け渡すように言われたが、「主君の許可無しでは城は渡せない」と拒否した。しかし長盛からの書状が届いたため城を明け渡す。その縁で高虎に招かれ、二万石を与えられた。

大坂冬の陣が起こると部隊長として従軍したが、高虎と意見が対立したためその任を解かれる。夏の陣では許されて再び部隊長として従軍し、八尾の戦いで長宗我部隊が撤退する際に追撃を行ない、損害を与えた。さらに了は追撃しようとしたが、高虎に反対され諦めている。陣後の九月に藤堂家を去った。陣での意見の対立

渡辺了が城代を務めていた伊賀上野城

が原因と言われている。

その後、高虎からの妨害で他の大名のところに行けず、近江に蟄居し浪人となってしまった。そこで幕府は会津の蒲生家への仕官を勧めたが了は徳川将軍家の家臣にこだわってこれを拒否する。その後、幕府と高虎が度々藤堂家への帰参を画策したが、了はすべて拒否し、各地の大名からの捨扶持をもらいながら余生を過ごした。一六四〇年七月二十四日に死亡する。

【コメント】

了は藤堂家では新参者ながら他家での武名で二万石も与えられていたので、他の重臣たちから嫉妬《しっと》されていました。そのため八尾の戦いで彼らが「了だけではなく自分たちもいることを高虎に見せつけてやろう」と無理な突撃をし、それが敗因の一つとなっています。しかしそれだけの実力があり、冬の陣の堺での戦いでも敵の伏兵を見抜き、夏の陣では右記のように長宗我部隊に損害を与えています。以上、その才能をいろいろな大名に愛された渡辺了さんでした。

駕籠に乗って出陣した戦功者

花房職之（はなぶさもとゆき）

評価：6

●生没年：一五四八（四九？）〜一六一六（一七？）年
●身分：備中高松八〇〇〇石の領主
●官位（通称、号）：助兵衛

花房職勝の息子。最初、明石景行に仕えていたが、そこを去って備前の大名・宇喜多直家に仕える。足軽大将として数々の功があり、七〇〇〇石を与えられた。直家が亡くなり、息子の秀家が跡を継いだあとも引き続き仕える。

一五九〇年の小田原攻めで、豊臣秀吉の本陣の前を通った際、下馬しなかったため注意されたが、「戦場で能をやるような大将の前では下馬しない」と大声で言い放って去った。それを聞いた秀吉は、非常に怒って秀家に処刑を命じたが、やがて考えを変えて「私に向かってそれほどのことを言う人間はいない」と逆に加増を命じている。

一五九四年に秀家の政治について直接意見をしたため、怒りを買い幽閉されたが、これを聞いた秀吉によって常陸の佐竹義宣に預けられた。関ヶ原の戦いでは徳川家康に属して功があり、備中高松八〇〇〇石を与えられる。

花房職之が活躍した小田原城の堀

大坂の陣では老齢で足を悪くしていたが、駕籠に乗って出陣した。その際、兵に「攻め口に向かって急いでいる時は乗り物を敵に向かって捨てろ。ここを死に場所と思って出陣したのだ」と命じている。野田・福島の戦いで奮戦した。夏の陣にも従軍する。一六一六年（一六一七年とも）二月十一日に死亡した。

【コメント】

職之は戦術眼に優れており、冬の陣で豊臣軍が船場から撤退する際、徳川軍の諸将は追撃を主張しましたが、「豊臣軍に後藤基次という巧者がいるので、必ず伏兵がいるだろう」と止めました。実際、この時に基次は伏兵を置いていましたが、敵が来なかったため、味方の一部から「予想が当たらなかった」と嘲笑されています。しかし基次も「敵に職之がいたのだろう」と言い、逆に職之に見破られたことを察知していました。戦馴《な》れした者同士の高度な駆け引きという感じがするお話です。

また、最初、職秀と名乗っていましたが、後に職之と改名しています。おそらく秀家の秀の字を捨てたのでしょう。以上、渋い感じのする花房職之さんでした。

夏の陣で大失態を犯す

藤田信吉（ふじたのぶよし）

評価：6

●生没年：一五六〇～一六一六年
●身分：下野西方一万五〇〇〇石の大名
●官位（通称、号）：能登守

名前は重信とも伝わっている。小野康邦の次男。一五七九年に武田勝頼から沼田五七〇〇貫文を与えられた。一五八二年に武田家が滅ぶと上杉景勝を頼る。それから新発田《しばた》家攻め、佐渡攻め、小田原攻めなどに従軍し、一五九八年に上杉家に会津に移封されると今までの功で大森一万五〇〇〇石を与えられた。

一六〇〇年三月に景勝に上洛するように主張するが相手にされず、徳川家康のもとに走り「上杉家に謀反の動きがある」と告げ、大徳寺に入って剃髪し源心と号する。関ヶ原の戦い後、下野西方一万五〇〇〇石を領した。一六〇二年、佐竹義宣が秋田に移封された際に水戸城を守る。

大坂冬の陣では秀忠について従軍した。夏の陣では河内方面の軍監として従軍したが、若江の戦いで木村重成と井伊直孝が激突した際、小笠原秀政らが攻めようとするのにそれを止めてしまうという失態を犯す。

一六一五年に改易された。若江の戦いでの指揮の失敗を責められたとも、同年十二月の大坂の陣戦功評議の場で失言があったためとも言われている。一六一六年七月十四日に死亡した。原因は傷の悪化とも自殺とも言われている。

【コメント】途中まではうまく戦国の世を渡り歩いたのですが、最後でつまずいてしまいましたね。以上、関ヶ原の戦いのきっかけを作った藤田信吉さんでした。

藤田信吉が失態を犯した
若江の戦いの激戦地、西郡(八尾市)

荒れた前半生と穏やかな後半生

松平忠輝（まつだいらただてる）

評価：6

●生没年：一五九二〜一六八三年
●身分：越後高田城六〇万石
●官位（通称、号）：左近衛少将

徳川家康の六男。母は茶阿の方（お久）という身分の低い女性だった。忠輝は下野長沼四万石の大名・皆川広照に引き取られ育てられる。一六〇二年に下総佐倉五万石、一六〇三年に信濃川中島一八万石に移封された。一六〇五年五月には将軍となった徳川秀忠の名代《みょうだい》として大坂城に行っている。一六〇六年、仙台の伊達政宗の娘・五六八姫と結婚した。一六一〇年には越後福島六〇万石に移封される。一六一四年に福島城から高田城に移った。

大坂冬の陣が起こると、江戸の留守を任される。忠輝は残されたことに不満を持ったのか、なかなか江戸に行こうとしなかったが、政宗に注意され渋々江戸に入城している。

夏の陣では大和路の総司令官を任され出陣した。この途中、忠輝の軍を乱したとして秀忠の旗本を切り捨てたため、秀忠との関係が悪化する。しかも道明寺の戦いでは戦闘が終わったあとにかけつけ、追撃は舅《しゅうと》の政宗の反対でできず、天王寺・岡山の決戦でも首級の一つも取ることはなかった。

数々の所業に激怒したのか、家康は遺言で忠輝を改易し、伊勢朝熊山への配流を言い渡す。そこから忠輝は飛驒高山に移されたが、そこの大名・金森重頼に乱行のため拒否され、信濃諏訪の諏訪頼水に預けられた。一六八三年七月三日に死亡した。

諏訪市の貞松院にある松平忠輝の墓

【コメント】

忠輝は諏訪に移ってからは静かに時を過ごしたそうです。本当は優しくて器量もあったけど、幼い頃に愛を与えられなかったので屈折した(よくすねる)性格になったのかもしれません。義父はただ単に出世のためにに忠輝を貰い受けただけでしょうから、あまり愛情がそそがれているとは思えませんし。とにかく不幸という言葉が似合う松平忠輝さんでした。

部屋住みから国持ち大名に

松平直政（まつだいらなおまさ）

評価：6

●生没年：一六〇一～一六六六年
●身分：越前松平家の家臣（部屋住み）
●官位（通称、号）：出羽介

結城秀康の三男。松平忠直の弟。母は遊女だったとも、秀康の母の侍女だったともいわれている女性・月照院。一六〇五年に家臣の朝日重政に預けられた。一六一四年十月、忠直のもとに大坂への出陣命令が届くと、これを聞いた直政の家臣・神谷富次は自分の母に頼み、部屋住みで出陣する資金のない直政のために、西本願寺から二〇〇〇両ものお金を借りてくる。富次のおかげで直政は出陣の準備ができ、忠直に従軍して大坂城に行けるようになった。

城南の戦いで忠直軍が攻撃した際、直政は豊臣軍の猛射撃をかいくぐって、家臣・藤木九左衛門に城壁の下に馬印を立てさせ、家臣の諫《いさ》めも聞かず自身も前に出ようとしている。この行動を見た真田幸村は「あっぱれ、よき大将だ。そのような人を寄せ手に引き受けた、この幸村の名誉というものだ。運尽きて討死する時は、必ずこの首を討ち取られよ」と、軍扇を投げてよこしたという。

島根県松江市の月照寺にある松平直政の墓

翌年、夏の陣が起こると、大坂城へ向かう途中の近江大津で忠直から甲冑を与えられている。天王寺・岡山の決戦でも奮戦した。大坂落城後、家康・秀忠の二人と謁見した直政は、両陣での奮戦を誉められ、家康の打飼袋《うちがいぶくろ》（食べ物やお金を入れる袋）を与えられている。忠直も直政の活躍を激賞し、自分の領内で一万石を与えた。

一六一六年に幕府から上総姉ヶ崎一万石の領土を与えられ正式な大名となる。その後、越前大野五万石、信濃松本七万石を経て、一六三八年に出雲松江一九万石に移封された。一六六六年二月三日に死亡する。

【コメント】

大坂の陣での活躍を見ると爽やかな感じのする直政ですが、大人になると『油口《あぶらぐち》』と陰で言われるほど、口の上手さで世の中を乗り切ったそうです。譜代も含めて何かあればすぐ改易される時代でしたから、仕方のないことですが。以上、幸村に誉められるほどの活躍をした松平直政さんでした。

森家を守る
森忠政（もりただまさ）

評価：6

●生没年：一五七〇〜一六三四年
●身分：美作津山一九万石の大名
●官位（通称、号）：美作守

美濃金山城主・森可成《よしなり》の六男。森長可、森蘭丸の弟。一五八二年の本能寺の変で蘭丸ら三人の兄を失い、一五八四年の小牧・長久手の戦いで森家の当主・長可が戦死したため、残された忠政が家督を継いで金山城主となる。そして豊臣秀吉に従い、佐々成政攻め・九州攻め・小田原攻めなどに参加し功を上げた。朝鮮出兵では肥前の名護屋城の築城奉行を命じられる。

一五九八年に秀吉が死ぬと徳川家康に接近した。一六〇〇年に信濃川中島一四万石に移封される。関ヶ原の戦いでは徳川秀忠に従軍し上田城の攻撃に参加した。一六〇三年、美作《みまさか》一九万石に移封される。忠政は山名家の支城であった鶴山城跡を津山と名を改め築城し、城下町を整備し現在の津山市の基礎を造っている。

大坂冬の陣に従軍した。夏の陣が起こると、多賀明神に『今回は何事もなくするすると凱旋できますように』という願文《がんもん》を奉納している。一六一五年五月六日に家

岡山県津山市の津山城にある森忠政の像

康から「道明寺の戦いと八尾の戦いで我が軍に被害が出て八尾方面の守りが手薄になっている。そちらに兵を回せ」と命令されたが、忠政は「八尾への道は詳しく分からないし、八尾に行っている間に総攻めになるかもしれない。そうなれば功が立てられない」と予想し、そのまま大坂城に向かった。それが当たり、翌日の天王寺・岡山の決戦では首級二〇六を得ている。一六三四年七月七日に死亡した。

【コメント】

大坂の陣で忠政は『百段』という愛馬に乗って出撃しています。この馬は長久手の戦いで兄の長可が戦死した際に暴れ回って家臣が遺体を引き上げる時間を稼いだという名馬だったそうです。馬の寿命は二十〜三十年なので二代目だったかもしれませんが。以上、兄譲りの戦術眼と、巧みな処世術で見事森家を守りきった森忠政さんでした。

豊臣秀頼の暗殺をはかる

山口重政（やまぐちしげまさ）

評価：6

●生没年：一五六四～一六三五年
●身分：蟄居中
●官位（通称、号）：但馬守

山口盛政の息子。織田信雄の家臣・佐久間正勝に仕える。一五八四年の小牧・長久手の戦いでは織田・徳川連合軍に属し尾張大野城の守備をした。その関係で徳川家康との繋がりができる。

一五八六年に尾張星崎一万石の領主となり、織田信雄に仕えた。一五九〇年に織田信雄が転封拒否をして改易になったため、それに従い下野についていくが、のちに徳川秀忠の家臣となり五〇〇〇石を与えられる。一六〇〇年の関ヶ原の戦いでは秀忠に従って上田城の攻撃に参加し、その戦功で常陸牛久《うしく》一万石の大名となった。

一六一三年に大久保忠隣の養女（石川忠義の娘）と自分の息子を勝手に縁組したことを咎《とが》められて改易され、武蔵に蟄居させられる。

一六一四年に大坂冬の陣が始まると、なんとか山口家を再興しようと「自分が豊臣家に加担するふりをして大坂城に入り豊臣秀頼を殺す」と家康に提案したが拒否された。一六一五年の夏の陣では井伊直孝軍に属して若江の戦いで活躍する。その後、高野山に閉居、本多忠政預かりを経て、一六二八年に常陸牛久などで一万五〇〇〇石の大名に返り咲いた。一六三五年九月十九日に死亡する。

山口重政の葬られた東京都港区にある曹渓寺

【コメント】

重政の息子・重信も御家再興のために奮戦し、冬の陣では商人に変装して大坂まで行き、夏の陣では若江の戦いで奮戦し、戦死しています。彼のお墓が今も東大阪市若江東町にあるのですが、これには次のような逸話があります。

その墓の向かい側に敵将の木村重成の墓があるのですが、ある時、重信の墓が中央から折れ砕けたため、重成の怨念だとみんなが騒ぎ始め、重信の墓を横向きに、重成の墓は後ろ向きにしたそうです。以上、見事に大名に返り咲いた山口重政さんでした。

【年表】

西暦	日付	事項
一五六〇年	五月十九日	桶狭間の戦い。織田信長が今川義元を討ち取る
一五七〇年	六月二十八日	姉川の戦い。信長・徳川家康連合軍、浅井・朝倉連合軍を破る
一五七二年	十二月二十二日	三方原の戦い。家康、武田信玄に大敗する
一五七五年	五月二十一日	長篠の戦い。信長・家康連合軍、武田勝頼軍を破る
一五八二年	三月	甲州攻め。武田家が滅亡する
	六月二日	本能寺の変。信長、明智光秀に討たれる
	六月十三日	山崎の戦い。豊臣秀吉、明智光秀を破る
一五八三年	四月二十一日	賤ヶ岳の戦い。秀吉、柴田勝家を破る
一五八四年		小牧・長久手の戦い。家康・織田信雄連合軍と秀吉が戦うが最終的には講和する
一五八五年	七月	四国攻め。秀吉、長宗我部元親を降伏させる
一五八七年	五月	九州攻め。秀吉、島津義久を降伏させる
一五九〇年		小田原攻め。秀吉、大軍で小田原城を包囲し北条家を降伏させる
一五九二年		文禄の役。秀吉、朝鮮半島に出兵する
一五九七年		慶長の役。秀吉、再び朝鮮半島に出兵する

一五九八年	八月十八日	秀吉、死亡。息子の豊臣秀頼が跡を継ぐ
一六〇〇年	六月	上杉攻め。上杉景勝に謀反の疑いがかかり、家康率いる諸将が会津に向かう
	九月十五日	関ヶ原の戦い。家康、石田三成を破る
	冬	秀頼六五万石の一大名に転落
一六〇二年	十二月二十八日	島津家の処分は本領安堵となり、関ヶ原の戦いの戦後処理が終わる
一六〇三年	二月十二日	家康、征夷大将軍に任ぜられる
	七月二十八日	豊臣秀頼、徳川秀忠の長女・千姫と大坂城にて婚儀を挙げる
一六〇四年	八月十四日	豊国神社臨時祭が家康と豊臣秀頼の共催で始まる
一六〇五年	四月十六日	徳川秀忠、征夷大将軍となる
	五月上旬	家康、秀忠の就任祝いのために上京を促すが豊臣家は拒否する
一六〇七年	七月三日	家康、駿府に移る
一六〇九年	四月五日	島津軍、琉球の首里城を制圧
一六一一年	三月二十八日	秀頼、家康と二条城で対面
一六一三年	八月二十五日	京都所司代が武士などに寺に泊まることを禁じる
一六一四年	七月二十六日	幕府、方広寺の鐘銘に問題があると、上棟式の延期を命じる
	八月十三日	方広寺の鐘銘の弁明に片桐且元が家康の元に行くが断られる
	十月一日	且元が大坂城を退去する

十月二日	幕府、京都との情報のやり取りのために一里飛脚を置く
十月六日	豊臣家、公然と浪人を集め始める
十月十一日	家康、駿府を出発
十月十二日	豊臣軍、堺を占領
十月二十三日	家康、京に到着。秀忠本隊、江戸を出発
十月二十五日	紀伊で大坂の陣に影響されて大規模な一揆が発生
十一月六日	池田忠継、中島を攻める
十一月中旬	徳川軍、大坂城を完全包囲
十一月十五日	家康、二条城を出陣。秀忠、伏見を出陣
十一月十九日	木津川口の戦い
十一月二十六日	鴫野の戦い、今福の戦い
十一月二十八日	野田・福島の戦い。豊臣水軍壊滅し、制海権を徳川軍が握る
十一月二十九日	博労淵の戦い
十二月上旬	徳川軍、連日大坂城に大砲を撃ちこむ
十二月四日	城南の戦い
十二月十六日	大砲の一発が淀殿の居間に命中。侍女八人が死亡。豊臣軍、本町橋で夜襲をかける
十二月十七日	家康、朝廷の和議斡旋を拒絶

	十二月十八日	和議の本格的交渉開始。翌日十九日には内容が決まる
	十二月二十一日	徳川軍、囲みを解く
	十二月二十三日	徳川軍、堀の埋め立てを開始する
一六一五年	一月上旬	豊臣家、内堀の埋め立てを何度も抗議する
	一月十一日	家康、近江・国友村に立ち寄り鉄砲の製造を命じる
	一月十九日	徳川軍、大坂城の堀を完全に破壊
	二月十四日	家康、駿府城に到着
	三月	京都所司代に豊臣軍に関する様々な風説が入る
	三月十二日	板倉勝重、豊臣軍の再挙計画を幕府に知らせる
	三月十五日	豊臣家が徳川家に使者を出す
	三月二十四日	大野治長、幕府に使者を遣わし再挙計画がないことを説明する
	四月一日	家康、諸大名に豊臣軍の動向を監視させる
	四月四日	家康、徳川義直の婚姻のため駿府から名古屋に向かう
	四月六・七日	家康、再び豊臣軍を討伐する命令を発する
	四月十八日	家康、二条城に到着
	四月二十一日	秀忠、伏見城に到着
	四月二十四日	家康、豊臣家に大和への移封と浪人追放の条件を突き付ける。これを豊臣家は黙殺

四月二十五日	家康、徳川軍の部署を決める
四月二十六日	大和郡山の戦い
四月二十八日	豊臣軍、岸和田城を攻撃。徳川軍、鴫野の番所を攻撃
四月二十九日	樫井の戦い
五月上旬	豊臣軍、大坂城を出撃
五月五日	家康、河内の星田に陣をとる。秀忠、河内の砂に陣をとる
五月六日	道明寺の戦い、若江の戦い、八尾の戦い
五月七日	天王寺・岡山の決戦。豊臣軍、組織的な抵抗が不可能に
五月八日	秀頼・淀殿、自害。大坂の陣終わる

【参考文献】

書籍名　著者……………………………………………………………………………◉出版社名

会津人物事典　武人編　小島一男……………………………………………◉歴史春秋出版

秋田人名大事典　秋田魁新報社編…………………………………………◉秋田魁新報社

池田市史　池田市史編纂委員会編…………………………………………………◉池田市

泉佐野市史研究　泉佐野市史編纂委員会編………………………………………◉泉佐野市

今井町史　今井町史編纂委員会編……………………………◉今井町（奈良県橿原市）

越前人物志　福田源三郎……………………………………………………………◉思文閣

江戸の大名人物列伝　童門冬二……………………………………………………◉東京書籍

江戸幕閣人物100話　萩原裕雄……………………………………………………◉立風書房

大阪城の七将星　福本日南…………………………………………………………◉東洋書院

大坂城物語　牧村史陽………………………………………………………………◉創元社

大坂の役　旧参謀本部編纂、桑田忠親・山岡荘八監修…………………………◉徳間書店

激闘　大坂の陣（歴史群像シリーズ40）……………………………………………◉学習研究社

大坂の陣（証言・史上最大の攻防戦）二木謙一…………………………………◉中央公論社

大坂の陣名将列伝　永岡慶之助……………………………………………………◉学習研究社

大谷刑部のすべて　花ヶ前盛明……◉新人物往来社

岡山縣人名辭書　高見章夫、花土文太郎……◉岡山縣人名辭書発行所

岡山県歴史人物事典　岡山県歴史人物事典編纂委員会編……◉山陽新聞社

岡山人名事典　吉岡三平監修……◉日本文教出版

寛政重修諸家譜　堀田正敦等編……◉続群書類従完成会

熊野新宮城堀内家と其の一族　村岡誠・堀内毬……◉村岡誠・堀内毬

桑名人物事典　伊藤信夫編……◉三重県郷土資料刊行会

郡山城物語……◉大和タイムズ

小牧・九州・小田原の役　旧参謀本部編纂、桑田忠親・山岡荘八監修……◉徳間書店

再現日本史（織豊10・江戸11・江戸12）……◉講談社

真田戦記（歴史群像シリーズ7）……◉学習研究社

山陰の武将　藤岡大拙、藤沢秀晴……◉山陰中央新報社

三百藩藩主人名事典　藩主人名事典編纂委員会編……◉新人物往来社

三百藩家臣人名事典　家臣人名事典編纂委員会編……◉新人物往来社

信濃人物志　佐藤寅太郎……◉文正社

しぶとい戦国武将伝　外川淳……◉河出書房新社

島根県歴史人物事典　山陰中央新報社島根県歴史人物事典刊行委員会編

若越墓碑めぐり　石橋重吉……◉山陰中央新報社
関ヶ原の役　旧参謀本部編纂、桑田忠親・山岡荘八監修……◉歴史図書社
戦国女系譜　楠戸義昭……◉徳間書店
戦国合戦大事典4　戦国合戦史研究会編……◉毎日新聞社
戦国人名事典コンパクト版　阿部猛、西村圭子……◉新人物往来社
戦国大名諸家譜……◉新人物往来社
戦国の雄森忠政考　兼山町歴史研究同好会……◉新人物往来社
戦国武心伝（歴史群像シリーズ66）……◉兼山町教育委員会（岐阜県可児市）
戦国武将201裸のデータファイル……◉学習研究社
仙台人名大辞書　菊田定郷……◉新人物往来社
雑兵物語　吉田豊訳……◉歴史図書社
続　山陰の武将　藤岡大拙、藤沢秀晴……◉ニュートンプレス
大日本史料（第十二編15〜20）　東京大学史料編纂所……◉山陰中央新報社
伊達政宗（歴史群像シリーズ19）……◉東京大学出版会
伊達政宗のすべて　高橋富雄編……◉学習研究社
長宗我部元親　山本大……◉新人物往来社
◉吉川弘文館

長宗我部元親のすべて　山本大編……◉新人物往来社
でっか字まっぷ大阪24区……◉昭文社
藤堂高虎家臣辞典　佐伯朗……◉佐伯朗
徳川四天王（歴史群像シリーズ22）……◉学習研究社
直江兼続のすべて　花ケ前盛明……◉新人物往来社
難波戦記　万年頼方、二階堂行憲共著……◉早稲田大学出版部
南路志　武藤致和著……◉高知県立図書館
日本逸話大事典　白井喬二、高柳光寿……◉人物往来社
日本戰史　大阪役　参謀本部……◉村田書店
日本の歴史を騒がせたこんなに困った人たち　小和田哲男……◉祥伝社
常陸・秋田　佐竹一族　七宮涬三……◉新人物往来社
よみがえる日本の城7　広島城（歴史群像シリーズ）……◉学習研究社
松本市史　松本市編……◉松本市
三河物語　大久保忠教著、百瀬明治編訳……◉徳間書店
歴史と旅・2000年8月号……◉秋田書店
和歌山県史　和歌山県史編纂委員会編……◉和歌山県

著者紹介
加賀康之（かが　やすゆき）
1974年、オイルショックの翌年に鳥取県に生まれる。各地を放浪した後、愛知県に流れ着き、会社員として生活している。趣味は歴史とStarTrek。筑後川というハンドルネームで、
- 大坂の陣絵巻
  http://tikugo.cool.ne.jp/
- 長宗我部元親の部屋
  http://tikugo.cool.ne.jp/chosokabe/
- 山中鹿之助物語
  http://tikugo.cool.ne.jp/sikanosuke/
- 名和長年戦記
  http://tikugo.cool.ne.jp/nawa/

など、ニッチなサイトを展開中。

本書は書き下ろし作品です。

PHP文庫　大坂の陣・なるほど人物事典
豊臣VS徳川――主役・脇役たちの意外な素顔

2006年2月17日　第1版第1刷

著　者　加　賀　康　之
発行者　江　口　克　彦
発行所　ＰＨＰ研究所
東京本部　〒102-8331　千代田区三番町3番地10
文庫出版部　☎03-3239-6259(編集)
普及一部　☎03-3239-6233(販売)
京都本部　〒601-8411　京都市南区西九条北ノ内町11
PHP INTERFACE　http://www.php.co.jp/
制作協力
組　版　ＰＨＰエディターズ・グループ
印刷所　共同印刷株式会社
製本所　株式会社大進堂

ISBN4-569-66588-8

PHP文庫